"Hal Cunnyngham y Amanda Dimperio Davis ofrecen una serie de pasos que las iglesias y los grupos pueden dar para abrazar la tarea de la gran comisión. Las páginas de este libro contienen la sabiduría que se deriva de más de una década de consultorías en Asia, África, Europa y América. Los resultados contenidos aquí dan lugar a un proceso eficaz. Las personas que apliquen estos *ocho pasos* fortalecerán a las iglesias locales con la base bíblica necesaria para las misiones y les proporcionarán los pasos reales que requieren para unirse a la tarea de la gran comisión, que consiste en enviar misioneros transculturales de manera sostenible. Estos *ocho pasos* proveen un proceso claro que permite a la Iglesia global colaborar para llevar a cabo la visión de que toda ella asuma la tarea misionera".

— JOHN BRADY, vicepresidente de Compromiso Global, International Mission Board, SBC.

"La tarea misionera es enorme y compleja. *Los ocho pasos para la continuidad de la misión* proveen la base estratégica para que cada iglesia participe en la gran comisión. Ayudan a las iglesias a comprender la urgencia de la tarea y trasciende los desafíos culturales. Aunque muchos grupos étnicos del mundo han sido un campo de misiones durante mucho tiempo, estamos agradecidos por la oportunidad de que estas iglesias étnicas sean ahora parte de la fuerza misionera que alcanza al mundo para Cristo".

— PETER YANES, director ejecutivo de relaciones y movilización asiático-americanos, Comité Ejecutivo de la SBC.

"Llevo 32 años en el ministerio y uno de los talleres de los *ocho pasos* me hizo reevaluar lo que estoy haciendo. ¿Lo que hago es bíblico o simplemente estoy siguiendo los métodos de otras personas? Nunca volveré a plantar una iglesia que no tenga a las misiones como su enfoque final".

— PALAN RAMASAMY, vicepresidente de la Convención Bautista de Malasia.

"El proceso de los *ocho pasos* consiste en crear una cultura de evangelismo, hacer discípulos, capacitar a líderes y enviar a los miembros como misioneros a fin de alcanzar a las naciones para la gloria de Dios. Gracias por capacitarnos para desarrollar la cultura de enviar en nuestras iglesias".

— **RALPH GARAY, estratega internacional de plantación de iglesias, Convención Estatal Bautista de Carolina del Norte.**

"El proceso de los *ocho pasos* es interactivo, adaptable, informativo y, sobre todo, abarca un contenido valioso cuyo resultado es el envío de misioneros por parte de las iglesias y convenciones. Algo que todos valoramos es el marco que se puede tomar y contextualizar a medida que se implementa en varios países de África".

— **DAREN DAVIS, del grupo afín, África subsahariana, International Mission Board, SBC.**

Los ocho pasos para la continuidad de la misión

Los ocho pasos *para la* continuidad de la misión

Construyendo un puente desde la iglesia al campo misionero

Hal Cunnyngham y Amanda Dimperio Davis

INTERNATIONAL MISSION BOARD
RICHMOND
2022

Publicado por la International Mission Board, SBC.
P.O. Box 6767
Richmond, Virginia 23230-0767

http://imb.org

Copyright © 2022 por la International Mission Board, SBC

Todos los derechos reservados. Este libro o cualquier parte de este no debe reproducirse ni utilizarse de ninguna manera sin el permiso expreso por escrito del editor, a excepción del uso de citas breves en reseñas de libros o revistas académicas.

Las citas bíblicas han sido tomadas de la Nueva Biblia de las Américas™ NBLA™. Copyright © 2005 por The Lockman Foundation. Usado bajo licencia. La Nueva Biblia de las Américas es una marca registrada de Lockman Foundation.

ISBN: 978-1-7344767-6-7

Editora: Robin D. Martin
Diseñador de portada y texto: Edward A. Crawford

*Los nombres y la información identificativos que aparecen en este libro marcados con un asterisco han sido modificados por motivos de seguridad.

Traducido por multitutudelanguages.com con la participación de Nydia Hernández, Leonardo Molina, Claudia Valdéz, Antonio Taboada, Denisse Esparza, Jennifer Govea, Laura Valdez y Cristina Font.

Este libro está dedicado a los miles de trabajadores transculturales del mundo entero, que llevan el evangelio a todas partes.

CONTENIDO

Prefacio xiii

Paso ocho: El campo misionero - Definiendo la tarea misionera 1

Paso uno: El pastor local - Expandiendo la visión de la iglesia local 13

Paso dos: La movilización de la iglesia 25

Paso tres: Ministerio local - Estableciendo iglesias sanas 35

Paso cuatro: Levantando misioneros 45

Paso cinco: Planificando las misiones transculturales 59

Paso seis: Selección y capacitación de misioneros 71

Paso siete: Desarrollando alianzas 91

Conclusión 103

Sobre los autores 107

Anexo 109

AGRADECIMIENTOS

Queremos agradecer y reconocer las contribuciones de muchos de nuestros colegas de la International Mission Board quienes participaron en el desarrollo de la parte de la selección de misioneros transculturales del proceso de los *ocho pasos*, el paso seis. Esas primeras asesorías ayudaron a revelar muchos de los desafíos a los que se enfrentan las iglesias y organizaciones enviadoras cuando trabajan para poder enviar misioneros internacionales. Está demostrado que el proceso de selección exhaustiva es un factor clave para lograr el objetivo de enviar a personas adecuadas a lugares adecuados en momentos precisos. Entre estos colegas se encuentran Kelly Davis, Ted Davis, Bob Dilks, Alan Garnett, Larry Gay, Susan Gay, Joel Sutton y Andy Tuttle.

PREFACIO

FUE UNO DE LOS ACONTECIMIENTOS MÁS EXTRAORDINARIOS a los que hayamos asistido. Nos reunimos en una ciudad asiática muy grande con colaboradores que representaban a las principales organizaciones de envío de misioneros de una veintena de países distintos. Era el año 2012 y nos habíamos reunido para hablar de las misiones globales. Aunque abundaban las diferencias lingüísticas y culturales, había un espíritu de unidad entre los participantes. Ese espíritu de unidad surgió de nuestra comprensión de la gran comisión: el llamado de Dios a las iglesias y a los creyentes de todo el mundo para que abracen plenamente el mandato de "hacer discípulos de todas las naciones".

Aunque la visión compartida fue edificante, los constantes desafíos a los que se enfrentaban estos misioneros en todo el mundo fueron desalentadores. Un problema común que se destacó del resto es que los misioneros no permanecen en su campo de servicio el tiempo suficiente para compartir efectivamente el evangelio. De hecho, el líder de una de las principales redes enviadoras de misioneros compartió que la tasa de deserción de su organización era casi del 85 %. Cuando lo dijo, creímos que había cometido un error, que quiso decir que solo el 85 % de los misioneros pudo completar un tiempo mínimo de uno o dos años. Sin embargo, se reafirmó en lo que dijo. Solo un 15 % de los misioneros de su organización pudo completar su primer período de servicio.

Esta declaración nos sorprendió, pues era algo que no esperábamos. ¿Cómo pueden los misioneros causar un impacto en las personas no alcanzadas si no son capaces de permanecer entre quienes necesitan el evangelio? Hicimos una encuesta a otros representantes que asistieron a la conferencia y, mediante una conversación franca, comprobamos que lo mismo ocurría con otras agencias de envío. El solo hecho de mantener la presencia misionera en el campo era un gran problema, algo de lo que los participantes quisieron hablar cuando supieron que otros tenían el mismo desafío global. Un colaborador compartió que sentía que Dios había preparado de una manera especial a los misioneros de su país para ir a lugares difíciles, pues habían sufrido persecución religiosa en su propio país de origen durante toda la vida. Sin embargo, aunque estaban dispuestos a sufrir por el evangelio, otros factores terminaban por desanimar a sus misioneros y el alto desgaste causaba sufrimientos de otro tipo. Este colaborador preguntó: "Ya que tienes tantos años de experiencia, ¿podrías ayudarnos a sufrir menos?". El sufrimiento, para él, era la incapacidad de su organización misionera de mantener a los misioneros en el campo.

La International Mission Board (IMB) es una agencia con más de 175 años de experiencia en el envío de misioneros transculturales. Sin embargo, escuchar las historias de las dificultades de los líderes cristianos en este evento nos ayudó a reconocer nuestros propios puntos ciegos a la hora de ayudar a las nuevas organizaciones misioneras a establecer sus propios procesos de envío. Las estructuras, los procedimientos y las políticas de nuestra agencia, con sede en EE.UU., no se transmitieron adecuadamente para enfrentar las necesidades de las agencias no norteamericanas o de las organizaciones de envío "mayoritarias en el mundo". Comenzamos a reexaminar dos preguntas que surgían constantemente en estas conversaciones: ¿cómo podíamos ayudar realmente a estos colaboradores a establecer organizaciones que trabajen estrechamente con la iglesia local en sus respectivos países? Y, ¿cómo podíamos ayudarles a mantener la presencia misionera en el campo y, por lo tanto, a ser eficaces en obtener la atención de los no alcanzados y en la formación de discípulos, tal como se ordena en la gran comisión?

Las respuestas fueron evasivas. Nuestras suposiciones iniciales de simplemente trasladar estructuras, políticas y estrategias norteamericanas a las organizaciones de envío mayoritarias en el mundo no estaban ayudando a impactar en el estado de perdición del mundo. Necesitábamos un nuevo paradigma si queríamos servir a estas agencias e iglesias colaboradoras de todo el mundo a medida que impulsaban el envío misionero.

Prefacio

En la búsqueda de una respuesta, comprendimos que si seguíamos con el enfoque tradicional, nuestra contribución a la eficacia del envío misionero a la mayor parte del mundo sería mínima. Debíamos aprender de aquellos a los que esperábamos servir. Así que, cuando surgió la oportunidad de capacitar a los colaboradores internacionales en la selección de misioneros, empezamos a utilizar estas sesiones de capacitación en varias partes del mundo con el fin de escucharlos. Comenzamos a escuchar su visión y el llamado de Dios para sus vidas. También pudimos identificar las circunstancias que hacían que sus misioneros volvieran a casa y analizar cuál era la mejor manera de ayudarles a lograr un envío misionero más eficaz y sostenible.

Además, revisamos las dificultades a las que se ha enfrentado nuestra propia organización a lo largo de los años. En el transcurso de su historia, la IMB ha reorganizado sus oficinas centrales y sus estructuras de campo para responder continuamente a las necesidades de un mundo cambiante. Así como la situación mundial no permanece inmóvil, ninguna estructura organizativa tiene un carácter permanente. Las influencias de la agitación política, los desastres naturales, las guerras, los golpes de Estado y las pandemias han hecho necesario el cambio. Aunque podemos aprender de los modelos del pasado, es más importante que pensemos en las necesidades del futuro, enfocándonos en cómo podemos comunicar mejor el evangelio a los pueblos y lugares no alcanzados. Del mismo modo, debemos trabajar con nuestros colaboradores para ayudarles a analizar su situación, mirando al futuro con fe en la provisión del Señor.

En los siguientes seis años, las invitaciones para trabajar con colaboradores en el desarrollo de procesos de selección de misioneros nos llevaron a Asia, África subsahariana, Sudamérica y Medio oriente. Nos reunimos con creyentes en diversos lugares, desde el decimonoveno piso de un edificio en una megaciudad asiática hasta en una cabaña de bambú en la orilla del río Mekong.

Todos estos creyentes buscaban asumir su papel en la gran comisión. A medida que los colaboradores expresaban sus preocupaciones, empezaron a surgir tendencias conforme íbamos conociendo sus desafíos. Luego, en 2019, al finalizar uno de estos viajes de asesoramiento, enumeramos todos los desafíos que habíamos observado en papelógrafos pegados a la pared de una sala de reuniones. Las tendencias eran evidentes. La mayor parte de nuestras observaciones se agruparon en ocho áreas básicas. Nos dimos cuenta de que, para ser verdaderamente útiles a los socios globales, teníamos que ayudarlos a analizar su propia situación en cada una de estas ocho áreas y luego ayudarlos a desarrollar planes de crecimiento en las áreas que consideraran más importantes con el fin de ampliar su capacidad de envío misionero. Esas áreas se convirtieron en los *ocho pasos para la continuidad de la misión*. En el caso de nuestros colaboradores, es necesario que hagan su propio análisis; no obstante, nosotros tenemos el deber de ayudarlos a sortear el proceso.

Los *ocho pasos* son simples. Ninguno es un concepto desconocido para la comunidad evangélica. De hecho, la simplicidad es la gracia del proceso de los *ocho pasos*. Cuando realizamos una asesoría de *ocho pasos*, el proceso desglosa cada paso para evaluar la situación actual de una iglesia u organización enviadora y ayuda al grupo a desarrollar planes para avanzar en sus esfuerzos misioneros.

Por ejemplo, retomemos el problema de los misioneros que batallan para permanecer en el campo. Recorrer los *ocho pasos* puede ser útil para prevenir algunas de estas pérdidas. "Levantando misioneros" (paso cuatro) describe en general algunos estudios bíblicos que se pueden discutir como comunidad en la iglesia local para ayudar a los candidatos a discernir si tienen un llamado a las misiones y si están preparados. "Selección y capacitación de misioneros transculturales" (paso seis) abarca los cinco componentes de la selección de misioneros, como el proceso de identificación de las calificaciones y competencias del candidato. "Desarrollando alianzas" (paso siete) reconoce que las iglesias y agencias, sean pequeñas o grandes, no son expertas en todos los aspectos del envío misionero y necesitan colaborar con otras para llevar a cabo procesos integrales. "El campo misionero - Definiendo la tarea misionera" (paso ocho) detalla qué es lo que se requiere dentro de la tarea misionera y qué competencias y calificaciones especiales se necesitan en un lugar determinado y para un trabajo en particular.

Prefacio

Cada uno de estos pasos guía a una iglesia u organización a la hora de enviar a la persona adecuada al lugar adecuado en el momento preciso. El uso de los estudios en cada uno de estos pasos ayudará a la iglesia y a los candidatos a misioneros a participar en un proceso que permitirá responder a estas preguntas como comunidad, lo cual es una forma saludable de tomar las mejores decisiones para todos: el futuro misionero, la iglesia, la agencia y las personas que se encuentran en el campo misionero. Por lo general, una deficiencia considerable en dos o tres de estos pasos conduce a una disfunción en el proceso de envío, a la incapacidad de los misioneros de permanecer en el campo y, en caso de que lo hagan, a una mínima eficacia.

En este libro describiremos y desglosaremos los conceptos detrás de cada uno de los pasos, citando estudios de casos reales de todo el mundo. Esperamos construir una base de conocimientos que pueda llevar a un cambio real o a una transformación, como se describe en Romanos 12:1-3: "… transfórmense mediante la renovación de su mente, para que verifiquen cuál es la voluntad de Dios: lo que es bueno y aceptable y perfecto". Los casos de estudio que ilustran cada paso no solo destacan la selección que se llevó a cabo, sino también cómo los colaboradores desarrollaron e implementaron planes para abordar sus desafíos particulares y ampliar su capacidad de envío misionero. Es más probable que la transformación deseada tenga lugar en el contexto de la comunidad, en la que personas con ideas afines estudien las Escrituras, analicen su situación en cada uno de los *ocho pasos* y acepten desarrollar planes para trabajar en conjunto con el fin de asumir plenamente su llamado a la gran comisión.

Son muchos los libros que abordan la cuestión de sobre quién recae la responsabilidad de las misiones: si sobre la iglesia, los creyentes o las agencias. La respuesta es que los tres son responsables y que los tres deben trabajar conjuntamente. Los creyentes forman parte de la iglesia local. Las agencias proveen diversos recursos y pueden llenar los vacíos que muchas iglesias no están preparadas para atender. Por lo tanto, la cuestión no es quién es el responsable. La cuestión es cómo podemos aprovechar las fortalezas de los tres.

Otro aspecto peculiar de este libro es el punto en el que comenzamos, no con el paso uno, sino con el ocho: el campo misionero y la implementación de la tarea misionera. Esto es fundamental para el proceso.

Debemos saber a dónde vamos si de verdad queremos construir un puente para llegar allí. La gran comisión consiste en compartir el evangelio con aquellos que nunca lo han escuchado. Por lo tanto, la implementación de la tarea misionera es fundamental para que cualquier iniciativa de envío de misioneros asuma plenamente la gran comisión.

Esperamos que este libro te motive a analizar dónde te encuentras y a tomar pasos para maximizar la participación de tu propia iglesia u organización en la gran comisión. Dios dio la comisión a los creyentes y a las iglesias, y Él proveerá la manera de cumplir con ese llamado a medida que lo busques fervientemente a través de su Palabra, la oración y el consejo de otros creyentes.

Animémonos todos a abrazar las muchas promesas que se encuentran en la Palabra de Dios, como la que se encuentra en 2 Corintios 9:8, que dice: "Y Dios puede hacer que toda gracia abunde para ustedes, a fin de que teniendo siempre todo lo suficiente en todas las cosas, abunden para toda buena obra".

Hal Cunnyngham, doctorado en Educación.
Amanda Dimperio Davis, doctora en Ministerio.

PASO OCHO

El campo misionero

Definiendo la tarea misionera

EL ENTUSIASMO llenó la pequeña iglesia de Texas cuando se corrió la voz de que Mike y Beth Kramer* sentían el llamado de Dios a servir como misioneros en el extranjero. Cuando la familia Kramer compartió la noticia, la energía misionera se propagó por toda la congregación. Los Kramer comenzaron los preparativos, lo que incluía recaudar fondos, conseguir las visas y empacar las pertenencias de su familia de cuatro miembros para mudarse al extranjero. Los Kramer tenían un hijo de 7 años, Billy, y una hija de 16, llamada Christy. Aunque entendían que esta mudanza al extranjero sería difícil para sus hijos, especialmente a la edad de Christy, consideraban que cualquier retraso en la decisión de seguir el llamado de Dios en sus vidas era una desobediencia.

Mike y Beth parecían los candidatos ideales para el proyecto misionero que estaban llevando a cabo. Mike servía como anciano en su iglesia y, al mismo tiempo, era un vendedor exitoso en un negocio local. Además, los Kramer también dirigían un pequeño grupo semanal de estudio bíblico y tiempo de oración en su casa. Ellos sentían que su ministerio en la iglesia local los había preparado muy bien para el servicio en el extranjero. Todo sucedió rápidamente y, antes de que pasaran algunos meses, los Kramer tuvieron que adaptarse a la vida en una ciudad de Asia Oriental de varios millones de habitantes, estudiando uno de los idiomas más complejos del mundo, un idioma completamente distinto al inglés y al poco español que habían estudiado en la escuela.

La emoción de mudarse al extranjero se desvaneció rápidamente cuando la familia Kramer comenzó a tener problemas poco después de su llegada. Su apoyo financiero era un presupuesto muy apretado desde el inicio; sin embargo, cuando llegaron al extranjero, el tipo de cambio había variado, encareciendo la moneda local. Con esta fluctuación del tipo de cambio, perdieron casi el 20 % de su poder adquisitivo. El estudio del idioma también presentó retos imprevistos. Beth demostró ser una buena estudiante de idiomas, y entabló una buena relación con su profesor. Sin embargo, Mike descubrió que padecía una pérdida de audición no diagnosticada y que se le hacía difícil oír y pronunciar los sonidos propios de la lengua tonal que estudiaban. Nunca había estado en una situación en la que dependiera de Beth para comunicarse. También descubrió que el ministerio en este entorno cultural era muy diferente al del grupo pequeño de su país. Las personas hacían preguntas que no se relacionaban con su experiencia: preguntas relacionadas con el culto a los ancestros y el temor al mundo de los espíritus. En este punto de su ministerio, Mike y Beth tenían que trabajar con la ayuda de un traductor; no obstante, se preguntaban a menudo si este realmente comprendía lo que le estaban diciendo.

Después de tan solo seis meses en el campo, los problemas siguieron aumentando a medida que crecía su frustración y decepción. La pareja comenzó a dudar de que el Señor estuviera presente en esta iniciativa. Tal vez habían malinterpretado la dirección de Dios. Tal vez los miembros de su iglesia de origen también la habían malinterpretado.

El problema más grave que surgió durante sus primeros seis meses en el campo fue la preocupación por el estado emocional de su hija, Christy. Al cabo de unos meses en su nuevo hogar de Asia Oriental, Christy celebró su decimoséptimo cumpleaños y echó de menos a sus amigos de la escuela y la iglesia de Texas. Aunque era una buena estudiante y le iba bien en los cursos de la escuela en línea, extrañaba la comunidad social de sus amigos. Sin poder hablar el idioma del país receptor, Christy no pudo ganarse la aceptación de los jóvenes de la iglesia local por más que lo intentara. Su anhelo se convirtió en depresión, por lo que los Kramer comenzaron a preocuparse cada vez más por Christy y su estado de ánimo. Tras menos de un año en el campo misionero, los consejeros recomendaron a la familia que volviera a Estados Unidos para tratar la depresión de Christy de una forma más adecuada.

DESAFÍOS INESPERADOS

Que los misioneros encuentren dificultades en el campo no es una novedad. Además, la mayoría de los programas de orientación sobre el campo misionero ayudan a las familias a comprender muchos de los desafíos que podrían enfrentar. Estas cuestiones pueden causar un gran estrés a una familia o persona misionera transcultural, independientemente de su procedencia. En el caso de Mike y Beth Kramer, haber prestado atención a varios de *Los ocho pasos para la continuidad de la misión* antes de mudarse al extranjero les habría ayudado a prepararse para los desafíos que tuvieron que afrontar a su llegada y posiblemente también a evitar algunas de las dificultades. La tarea misionera, que se define en el paso final de *Los ocho pasos para la continuidad de la misión*, plantea muchas consideraciones para los futuros misioneros. Comenzaremos examinando este importante concepto en el presente capítulo.

LOS OCHO PASOS PARA LA CONTINUIDAD DE LA MISIÓN

Un viejo adagio dice: "Si no sabes a dónde vas, cualquier camino te llevará allí". En ocasiones, las personas llegan a un campo de servicio con mucha expectativa y anhelo de ser misioneros. Sin embargo, no tienen claro qué es lo que realmente desean o deben hacer, ni cuál es el medio para lograrlo, ni tampoco cómo empezar. En muchos casos, los nuevos misioneros se centran en ministerios que pueden ser valiosos y prestar un servicio a la comunidad local, pero que tienen poco impacto en el cumplimiento de la gran comisión. Comprender la tarea misionera, a dónde quiere ir un misionero y qué debe hacer, es fundamental para construir el puente que le permita llegar allí.

Veamos la tarea misionera en el contexto de la situación de la familia Kramer. Mike y Beth tenían una excelente experiencia ministerial en su entorno local y conocían a fondo las Escrituras y la forma de compartir la fe en su propia cultura. Pero tenían poca capacitación con relación a los componentes de la tarea misionera, sobre todo en lo que respecta a los elementos clave de la entrada y la evangelización. La orientación y la capacitación para comprender la cosmovisión, y el contexto cultural les habrían ayudado a saber cómo relacionarse con los demás y abordar sus problemas cotidianos con la Palabra. Sin este conocimiento básico, ellos se sintieron aterrados al experimentar el choque cultural y una cosmovisión totalmente ajena a la suya. Asimismo, no tenían ni idea de por dónde comenzar a compartir el evangelio o de cómo dar un discipulado básico, y mucho menos de cómo fundar una iglesia en un país extranjero.

El análisis de muchas iniciativas de envío misionero ha demostrado que, en muchos casos, las organizaciones o las iglesias envían a los misioneros a campos misioneros, que son muy distintos a los suyos, con poca o ninguna capacitación para identificar el contexto en el que tendrán que trabajar. Los componentes de la tarea misionera[1] sirven como una guía para ayudar a los misioneros a establecer y sostener las estrategias de la gran comisión entre un pueblo o lugar no alcanzado. Estos componentes son: entrada, evangelismo, discipulado, formación de iglesias sanas, desarrollo de liderazgo y salida en colaboración. Todo lo cual debe hacerse permaneciendo en Cristo. Un estudio de la tarea misionera puede permitir comprender claramente lo que se debe lograr y el medio para

---
1. "La tarea misionera", *Fundamentos* (Richmond, VA: IMB, 2022).

Paso ocho: El campo misionero - Definiendo la tarea misionera

lograrlo. Además, los componentes de la tarea misionera pueden dar a los misioneros herramientas para comprender el contexto en el que deben trabajar, así como las competencias y cualificaciones necesarias para trabajar en ese entorno.

Entrada. La entrada es algo más que estar físicamente presente. La entrada es importante para posicionar al misionero con el fin de que su ministerio transcultural sea eficaz. El primer elemento de la entrada es la investigación: aprender sobre una población objetivo. Aquí se puede incluir la historia, la cosmovisión, las religiones, el estado de la proclamación del evangelio, la disponibilidad de traducciones de las Escrituras (habladas y escritas) y otros factores pertinentes como los índices de alfabetización, la economía y la persecución religiosa en la zona. Comprender estos diversos aspectos de la entrada puede ayudar al nuevo misionero a saber por dónde comenzar. Si la familia Kramer hubiera entendido la cosmovisión de la cultura anfitriona en la que se adentraban, podrían haber estudiado pasajes de las Escrituras apropiados y útiles para abordar los problemas que surgieron rápidamente en las situaciones de evangelización y discipulado.

Otros aspectos de la entrada son la identidad y la presencia. Los Kramer pudieron vivir en la ciudad oficialmente como misioneros, pero en los países o lugares en los que los misioneros cristianos no son bienvenidos, estos deben ingresar con otra razón válida que les permita estar allí. Además, poder comunicarse con la gente no solo supone vivir en el pueblo o la ciudad, sino también relacionarse constantemente con los miembros de la comunidad de una forma significativa en su vida. Los misioneros deben estar preparados para responder a las preguntas más frecuentes: "¿Quién eres?", "¿A qué te dedicas?" y "¿Por qué estás aquí?".

Evangelismo. Comprender cómo abordar la tarea misionera en el contexto local puede ser un esfuerzo intimidante. Cuando se les pide a los futuros misioneros que definan la tarea misionera, la mayoría se centra en el evangelismo y su respuesta más común es "compartir el evangelio". Si bien el evangelismo es fundamental para cualquier estrategia misionera, los misioneros deben comprender en su totalidad la gran comisión y aplicarla al ámbito local. Las Escrituras ordenan "hacer discípulos", lo que abarca mucho más que el mero hecho de compartir el evangelio. La información obtenida en la fase de investigación de la entrada puede ser útil para entender la cosmovisión, identificar pasajes bíblicos específicos que hablen de esa cosmovisión y aprender términos lingüísticos clave para comunicar plenamente todo el mensaje del evangelio y discipular a los nuevos creyentes. Dependiendo de la accesibilidad del grupo de personas o del lugar, los misioneros o las organizaciones misioneras pueden tener que desarrollar estrategias de entrada para presentar el evangelio a través de ministerios de ayuda, programas de alfabetización y estrategias para los servicios de salud. Al emplear estos enfoques, hay que tener cuidado de no caer en la trampa de generar una dependencia que atraiga a "cristianos de arroz", aquellos que acogen al extranjero únicamente por los beneficios materiales que puede aportar esa relación. Por lo tanto, esto nos lleva a la importancia de desarrollar colaboraciones adecuadas, un tema que se abordará en el paso siete.

Discipulado. Los misioneros que trabajan con un pueblo o lugar no alcanzado deben estar siempre preparados con estrategias de discipulado que puedan utilizar cuando el Señor proporcione frutos derivados de los esfuerzos de evangelización. La esencia de la gran comisión es "hacer discípulos". Para poder enseñarles "a guardar todo lo que el Señor ha mandado", el discipulado debe centrarse en el estudio de la Palabra de Dios. Tiene que ir más allá de la simple recopilación de conocimientos e incluir la disciplina y la sujeción a la Palabra de Dios, lo cual conduce a una vida transformada. Esta transformación repercute en toda la persona, incluyendo corazón, mente, afectos, voluntad, relaciones y propósitos.[2] El discipulado cristiano es un trabajo de por vida y la transformación solo puede ocurrir si existe un compromiso con las disciplinas espirituales de la oración, el estudio de la Biblia, la memorización de las Escrituras, la adoración y el servicio cristiano. Todo lo cual debe realizarse en el contexto del cuerpo de Cristo, su Iglesia. Así llegamos al siguiente componente de la tarea misionera.

Formación de iglesias sanas. La vida cristiana no fue concebida para vivirla aisladamente, sino en una relación con el cuerpo de creyentes. Incluso en situaciones en las que existe persecución y se necesita mayor seguridad, los creyentes encuentran formas de reunirse para la adoración, el estudio de la Biblia, la oración, el apoyo mutuo y el ministerio a la comunidad. El discipulado se lleva a cabo con mayor eficacia en el contexto de la iglesia local.

Las iglesias tendrán un aspecto determinado en cada contexto. En lugares con restricciones de espacio y problemas de seguridad, tomarán la forma de iglesias en casas donde solo unas cuantas personas pueden

---

2. "La tarea misionera", *Fundamentos*, 2022.

reunirse. En otros entornos pueden convertirse en reuniones grandes de creyentes en espacios alquilados o incluso comprados. En cualquier caso, las "doce características de una iglesia sana"[3] pueden servir como una referencia útil para medir la salud de la iglesia local. Este aspecto para la *continuidad de la misión* se analizará más a fondo en el capítulo "Ministerio local - Estableciendo iglesias sanas" (paso tres), ya que es vital en el envío de misioneros sanos.

Desarrollo de liderazgo. El desarrollo de líderes es un componente crítico de la tarea misionera. Todas las iglesias necesitan líderes locales. El apóstol Pablo ofrece un gran ejemplo de este mandato misionero en la forma en que constantemente levantó líderes locales para que sirvieran como ancianos o pastores de las iglesias en las que tuvo influencia. De la misma manera, desde el momento en que un misionero inicia una estrategia de plantación de iglesia, debe tener en mente la visión de establecer un liderazgo local. Levantar líderes locales es un elemento fundamental para establecer iglesias locales sanas.

Debido a que Dios aparta a los líderes para su iglesia, las aptitudes pastorales pueden entenderse en términos de lo que ese líder debe SER, debe SABER y debe HACER.[4] La calidad del carácter de un líder es la característica SER del liderazgo de la iglesia. La característica SABER del liderazgo de la iglesia se demuestra en el deseo y la capacidad de la persona de crecer en conocimiento, sobre todo en el conocimiento de la Palabra y el deseo de obtener educación teológica en el contexto apropiado para la situación de esa persona. Por último, la característica de HACER de los líderes de la iglesia debe comenzar con su propia práctica de las disciplinas espirituales. Los ancianos y los pastores deben tener las habilidades necesarias para pastorear la iglesia local, lo que incluye la capacidad de enseñar la Palabra con el enfoque de su responsabilidad pastoral de "equipar a los santos" para el ministerio (Efesios 4:12).

Aquellos que Dios ha apartado para ser líderes en la iglesia local no son hombres perfectos. Sin embargo, cuando los misioneros toman en

---

3. "La tarea misionera", *Fundamentos*, 2022.
4. "La tarea misionera", *Fundamentos*, 2022.

Paso ocho: El campo misionero - Definiendo la tarea misionera

cuenta a personas para puestos de liderazgo, deben hacerlo revisando las aptitudes bíblicas para el liderazgo que se encuentran en Tito 1:5-9 y 1 Timoteo 3:1-7. Es importante destacar que el apóstol Pablo invirtió mucho en la preparación de estos siervos y que reconocía que el desarrollo y la formación no podían ser deficientes. Asimismo, en 2 Timoteo 2:1-3, Pablo imploró a Timoteo que invirtiera en la capacitación y preparación de los líderes de la iglesia. Durante el proceso de capacitación de líderes potenciales, los misioneros transculturales descubrirán que algunas personas no son adecuadas para la tarea. Otros demostrarán crecimiento y madurez en los procesos de consejería y capacitación hasta el punto de lograr la confirmación de la iglesia local por manifestar las características de SER, SABER y HACER.

Salida en colaboración. El objetivo del misionero debe ser establecer iglesias sanas. Posteriormente, debe desafiar a esas fraternidades a que se unan a la tarea de llevar el evangelio a los no alcanzados con el mismo objetivo de plantar iglesias sanas. En el mejor de los casos, conforme las iglesias maduran, los misioneros deben llegar al punto de poder separarse de su ministerio inicial y centrarse más en las nuevas comunidades no alcanzadas que no tienen iglesias. No significa que se deba abandonar la obra misionera original, sino que se puede continuar con una estrecha relación de estímulo y capacitación. El apóstol Pablo mantuvo relaciones con las iglesias que ayudó a establecer en todo el mundo conocido. Visitaba estas iglesias cuando tenía la oportunidad y escribía cartas para afianzar su crecimiento, desafiarlas en las áreas de debilidad y fortalecerlas en su comprensión del evangelio. La esencia de los escritos de Pablo es que todas las iglesias deben responder al mandato bíblico de asumir plenamente la gran comisión. El misionero debe poner la gran comisión delante del pueblo desde el inicio de una nueva obra. Entonces, llegado el momento de llevar el evangelio a otro lugar, la iglesia debe estar totalmente de acuerdo con la salida en colaboración del misionero. La premisa fundamental de los *ocho pasos para la continuidad de la misión* es ayudar a las iglesias a comprender su llamado con respecto a la gran comisión, así como a hacer planes y generar colaboraciones que las ayuden a participar en esa tarea.

Permaneciendo en Cristo. Aunque cada uno de los componentes de la tarea misionera es importante, un elemento central que debe ser la base de todos es el enfoque del misionero en la permanencia en Cristo. El carácter espiritual del misionero está en el centro de la tarea misionera. Las misiones más efectivas son las que llevan a cabo aquellos que caminan en estrecha relación con el Señor y permanecen como sus hijos, tal y como se observa en las Escrituras (Juan 15). La capacitación, experiencia e inteligencia no servirán de nada si los misioneros no forman discípulos. Por lo tanto, permanecer en Cristo es un aspecto crítico que impregna todo el proceso de la tarea misionera.

CUANDO EL PROCESO FUNCIONA

EN EL CASO DE LA FAMILIA KRAMER, tal vez habrían sido las personas indicadas y tal vez habrían estado en el sitio indicado si hubieran podido hallar una solución a la pérdida de audición no diagnosticada de Mike. Sin embargo, el momento en el que los enviaron no fue el indicado. El hecho de no comprender la tarea misionera ni lo que era necesario para participar eficazmente en el campo misionero, sumado a la incapacidad de su hija para adaptarse a la vida en el extranjero, disminuyó en gran medida su eficacia en el campo. A manera de contraste, es conveniente examinar el caso de un grupo enviado que sí comprendió cabalmente la tarea misionera. En consecuencia, estos misioneros pudieron mantener su presencia y ser testigos eficaces del evangelio con el paso del tiempo.

El país insular de Cuba es famoso por sus escuelas de medicina y la calidad de sus médicos. Además, en las últimas décadas, Cuba ha exportado miles de profesionales médicos altamente calificados y capacitados de acuerdo a su sistema. Asimismo, muchos otros países envían estudiantes a Cuba para que reciban capacitación médica.

En los últimos años, los bautistas cubanos han entrenado y enviado misioneros transculturales de las iglesias locales para llevar el evangelio a las etnias y sitios menos alcanzados de América Latina. Entre estos misioneros, hay varios médicos que respondieron al llamado de Dios de salir de Cuba para servir y compartir el evangelio a nivel internacional.

Paso ocho: El campo misionero - Definiendo la tarea misionera

Una pareja cubana, Raymón y Yolanda García*, se mudó a Colombia para unirse a un equipo misionero de la IMB en una ciudad que limita con una reserva indígena. Aunque los misioneros de Estados Unidos vivían cerca, los funcionarios del gobierno no les permitían acceder a la reserva. Sin embargo, cuando el gobierno colombiano local se enteró de que un médico cubano había llegado a la ciudad, los funcionarios se dirigieron al Dr. García con una propuesta. Un funcionario del Departamento de Salud le pidió al Dr. García que ayudara a capacitar al personal sanitario y a otros profesionales médicos que vivían en veintidós pueblos indígenas de la reserva restringida. El médico misionero cubano podría entrar libremente en cada una de las aldeas para capacitar al personal sanitario de los puestos médicos de la reserva. El funcionario estaba al tanto de que este médico era misionero, ya que los García residen en Colombia con visas de misioneros. Sin embargo, el funcionario quería aprovechar las habilidades de este médico cubano y su disposición para ir a los pueblos a donde los propios médicos colombianos no quieren trabajar.

Gracias a que el equipo misionero al que se unieron los García comprendía las limitaciones políticas y de seguridad de esta situación, pudieron desarrollar estrategias no solo para obtener acceso, sino también para brindar credibilidad mediante la prestación de atención médica en pueblos aislados. Este acceso constante proporcionó la oportunidad de compartir el evangelio y hacer un seguimiento a través del discipulado. En este caso, había personas adecuadas en el lugar y en el momento precisos por tres razones importantes. En primer lugar, los misioneros cubanos procedían de una cultura similar y ya hablaban la lengua local, el español. En segundo lugar, los antecedentes médicos de los García les permitieron tener acceso a un lugar que antes era inaccesible. Finalmente, fue el momento preciso porque los funcionarios del gobierno reconocieron su necesidad. De modo que el equipo de la ciudad emitió visas para que los misioneros pudieran vivir en el país. Todos estos factores contribuyeron a que los misioneros cubanos se comprometieran plenamente con la tarea misionera entre las etnias no alcanzadas y facilitaron la incorporación de otros a la tarea.

Una de las claves para asegurar la presencia misionera en el campo misionero es comprender plenamente lo que hace un misionero en su ministerio diario. Eso significa que la Iglesia, a la que Cristo dio la gran comisión, debe tener una clara comprensión de la tarea misionera.

Comenzamos este libro con el último de *Los ocho pasos para la continuidad de la misión* porque debemos ser claros en cuanto a dónde queremos ir y lo que queremos lograr al llegar allí. El proceso de los *ocho pasos* es una forma de construir un puente desde la iglesia local hasta el campo misionero. Una vez que la visión del destino está clara, entonces podemos dar un paso atrás para considerar cada paso del camino. El próximo capítulo de este libro tratará sobre la importancia del pastor local en la misión de motivar a la iglesia local hacia una visión de la gran comisión.

PASO UNO

El pastor local
Expandiendo la visión de la iglesia local

SOFIA* ES UNA MOVILIZADORA DE LAS MISIONES en su iglesia local. Hace años, aprendió sobre las misiones gracias a que un misionero transcultural quien trabajaba en la ciudad latinoamericana en la que vivía, la discipuló. Mientras Sofía profundizaba en las Escrituras, Hechos 1:8 la impactó profundamente: "...y serán mis testigos en Jerusalén, en toda Judea y Samaria, y hasta los confines de la tierra". El amor de Sofía por Jesús y su deseo de ver a multitudes de personas de todas las naciones adorando a Cristo se convirtieron en el enfoque de su vida.

Sin embargo, en ese momento, el pastor de su iglesia estaba principalmente interesado en plantar iglesias satélites alrededor de la ciudad. El pastor Alejandro* tenía la visión de alcanzar su ciudad para Cristo, pero no de ir más allá, y ciertamente no de alcanzar las naciones. Siendo el único ministro en la iglesia, pasaba la mayor parte del tiempo pastoreando a su rebaño y dirigiendo ministerios locales que podrían dar lugar a la creación de nuevas iglesias satélites. El pastor Alejandro no tenía el tiempo ni la energía para concentrarse en algo más. Si bien Sofía apoyaba la visión de su pastor, involucrándose en el alcance comunitario y el evangelismo, sentía también que la iglesia no estaba cumpliendo plenamente con la gran comisión y desde luego no se estaba enfocando en las personas que vivieran fuera de su ciudad, las cuales no tenían un testimonio del evangelio.

Cuando Sofía le comentó al pastor Alejandro que sentía el llamado de Dios de llevar el evangelio a las etnias no alcanzadas del Sur de Asia, este se opuso. Sofía había cursado estudios de Teología e incluso se había relacionado con una agencia de envío misionero. Y aunque el pastor Alejandro acabó accediendo a que fuera al Sur de Asia, le dijo que la iglesia no la apoyaría económicamente, pues su deseo de servir en otro país no se ajustaba al plan ministerial de la iglesia. Finalmente, consiguió el apoyo de amigos, familiares y otras iglesias, y se mudó al Sur de Asia, en donde se unió a un equipo misionero ya establecido.

Cuando les escribió a los miembros de su iglesia para compartirles lo que Dios estaba haciendo entre los hindúes del Sur de Asia, algunos no entendieron el motivo por el que estaba allá, puesto que en su propia ciudad había mucha gente que no había escuchado el evangelio. Con el tiempo, el apoyo económico de Sofía disminuyó y su equipo la envió de regreso a casa para que recaudara más fondos y pudiera regresar. De vuelta a América Latina, compartió testimonios de cómo Dios la había usado para alcanzar con el evangelio a muchos hombres, mujeres y familias. Pero aun entonces, su iglesia y su pastor continuaron sin apoyarla, por lo que no pudo reunir los fondos que necesitaba para poder regresar. Lo que había sido un fructífero ministerio en el Sur de Asia parecía haber llegado a su fin. Sin embargo, un compañero del equipo misionero sugirió que quizá Dios tenía otros planes para ella; quizá había regresado a su país de origen con el fin de movilizar a la iglesia para que enviara muchos más misioneros que fuesen una luz entre las etnias no alcanzadas en el Sur de Asia.

Cuando compartió esto con su amiga Daniela*, que también tenía pasión por las misiones internacionales, decidieron comenzar a orar para que todos los pastores e iglesias de su ciudad se convirtieran en iglesias de la gran comisión. Oraron para que, al leer la Biblia, los pastores locales pudieran ver la gran comisión en toda ella y comenzaran a movilizar a sus iglesias para alcanzar a las etnias no alcanzadas, tanto en su ciudad como en el extranjero.

Sofía se unió a la iglesia de Daniela, que estaba bajo el liderazgo del pastor Mateo*. Aunque la declaración de misión de la iglesia era "formar generaciones de creyentes que impacten a la ciudad y al mundo con la poderosa Palabra del evangelio de Jesucristo", el pastor Mateo era muy parecido a otros pastores de la zona; la mayoría estaban ocupados y abrumados con los ministerios locales y no se preocupaban por enviar misioneros a las naciones. Cuando Sofía y Daniela le preguntaron al pastor Mateo si podían organizar un comité de misiones en la iglesia para promover la importancia de alcanzar a las naciones, este se negó y solo les permitió realizar un evento en el que se hablara de las misiones. En vez de criticar al liderazgo de la iglesia, ambas siguieron apoyando la visión del pastor y los ministerios de la iglesia mientras oraban para que Dios abriera el corazón del pastor Mateo con respecto a las naciones.

Finalmente, Daniela y Sofía invitaron al pastor Mateo a asistir a una conferencia misionera internacional con ellas. Él aceptó. Así que pagaron para que asistiera y oraron para que el Señor le abriera los ojos y pudiera ver el corazón de Dios para las naciones. Dios terminó respondiendo a su oración: en la conferencia, el Señor movió a compasión el corazón del pastor Mateo por las miles de millones de etnias no alcanzadas de todo el mundo. Desde entonces, el pastor Mateo ha guiado a la iglesia con una estrategia misionera basada en Hechos 1:8, que incluye el ministerio local, nacional e internacional.

EL PASTOR ES LA PUERTA DE ENTRADA A LA IGLESIA

La historia de Sofía no es poco común. Si el pastor no tiene la visión de la gran comisión de "hacer discípulos de todas las naciones", entonces la iglesia tampoco la tendrá. Al consultar con nuestros colaboradores en muchos países, acudieron a nosotros creyentes que querían dejar sus iglesias por no contar con apoyo pastoral en su aspiración y llamado a servir en misiones internacionales. Muy a menudo los pastores y líderes de la iglesia se enfocan principalmente en el crecimiento del rebaño, y quizás incluso en su influencia en la comunidad, en vez de en el crecimiento del reino de Dios. Sofía y Daniela confiaron en que el Señor transformaría a su pastor y a su iglesia a través de su Palabra y de la obra del Espíritu Santo. Oraron por el pastor Mateo con fervor y continuaron usando sus dones en los ministerios de la iglesia local hasta que estuviera listo para hacer que la iglesia sea totalmente misional.

Pero este no es el caso de todos. Dios les ha confiado a los pastores el bienestar y el crecimiento del rebaño. Pedro, en su primera epístola, exhorta de esta manera a los líderes de las iglesias: "... pastoreen el rebaño de Dios entre ustedes, velando por él, no por obligación, sino voluntariamente, como quiere Dios; no por la avaricia del dinero, sino con sincero deseo; tampoco como teniendo señorío sobre los que les han sido confiados, sino demostrando ser ejemplos del rebaño" (1 Pedro 5:2-3). Enseñar la sana doctrina y hacer que la congregación alcance la madurez espiritual es una enorme responsabilidad. Todos los pastores desean sinceramente hacer la voluntad de Dios y hacer que su pueblo se transforme a la imagen de Cristo a fin de que sea luz en las comunidades.

Además, todos los pastores, como Alejandro y Mateo, tienen mucho trabajo y llevan cargas pesadas. Tanto en Estados Unidos como en todo el mundo, son muchas las iglesias dirigidas por un solo pastor, que es el único miembro del personal de la iglesia. A menudo estos pastores son también bivocacionales. Se espera que prediquen sermones interesantes y motivadores cada semana. Visitan a los enfermos y a los solitarios.

Consuelan a las familias en los funerales y celebran con ellas oficiando bodas. Ayudan a resolver conflictos matrimoniales y aconsejan a padres y adolescentes que tengan problemas. Incluso el mejor y más piadoso de los pastores tiene grandes responsabilidades, por lo que necesita el apoyo y el estímulo de los miembros de la congregación. Y debe ser un ejemplo para los miembros en todo. Lo cual, por sí solo, es una carga muy pesada de llevar.

MOTIVOS DE RENUENCIA

CON LAS MUCHAS PREOCUPACIONES que impiden que los pastores piensen en la posibilidad de adoptar la visión de la gran comisión, ¿cuáles son algunas de sus principales preocupaciones cuando se trata de enviar a sus propios miembros como misioneros internacionales? Cuando hacemos esta pregunta a pastores, misioneros y miembros de la iglesia en el marco de las asesorías, las respuestas que recibimos son frecuentes. Estas son las diez razones principales por las que los pastores no envían misioneros transculturales:

- Si envío misioneros, perderé a mi mejor gente.
- Si envío misioneros, nos costará dinero, y la iglesia apenas ofrenda lo suficiente para mantenerme [al pastor] a mí y a los ministerios de la iglesia.
- Deseo alcanzar a nuestra comunidad local y hacer que más gente venga a nuestra iglesia.
- Debo proteger mi posición de liderazgo. No puedo dejar que otros determinen la dirección de mi iglesia.
- No sé cómo capacitar misioneros transculturales porque mi iglesia es monocultural.
- Soy el único ministro aquí. No tengo el tiempo ni la energía para iniciar ministerios internacionales.
- Mi gente ni siquiera está involucrada en el ministerio local.
- Otros pastores de la zona tampoco hacen misiones internacionales.
- ¿Qué pasa si envío misioneros y fracasan?
- No confío en las organizaciones enviadoras de misioneros.

¿Cómo pueden los miembros de la iglesia ayudar a los pastores a abordar estas preguntas? Si un miembro de la iglesia siente el llamado a ir a las naciones, ¿debe dejar la iglesia local, aunque el pastor no tenga una estrategia de ministerio internacional? ¿Podría Sofía haber apoyado más a su primer pastor y haberle ayudado a tener una visión para las naciones antes de ir al Sur de Asia, de manera que su ministerio allí fuera una extensión del ministerio de su iglesia? ¿Cómo es que los miembros de una iglesia pueden apoyar y animar de mejor manera a los pastores?

LA BASE MISIONAL DE LA BIBLIA

LA MANERA MÁS EFICAZ para que una iglesia se convierta en una iglesia misional es que el pastor predique la Biblia y comunique la visión con la que la iglesia conozca y proclame el corazón de Dios para las naciones. Dios nos revela su plan y su carácter mediante la Biblia. Tanto en el Antiguo como en el Nuevo Testamento existe una conexión que muestra el corazón de Dios para las naciones. El primer relato del plan redentor de Dios para todas las naciones se encuentra en Génesis 3:15, cuando, después de la caída, Dios maldice a la serpiente que encarnaba Satanás, diciéndole: "Yo pondré enemistad entre tú y la mujer, y entre tu simiente y su simiente; Él te herirá en la cabeza, y tú lo herirás en el talón". El plan de Dios desde el principio era rescatar al hombre de los planes malvados de Satanás por medio de un descendiente de Eva.

A continuación, en Génesis 12:1-3, vemos claramente el plan de Dios de atraer a todas las naciones hacia Él cuando llama a Abram.

El Señor le dijo a Abram:
«Vete de tu tierra,
de entre tus parientes
y de la casa de tu padre,
a la tierra que Yo te mostraré.
Haré de ti una nación grande,
Y te bendeciré,
engrandeceré tu nombre,
y serás bendición.

*Bendeciré a los que te bendigan,
y al que te maldiga, maldeciré.
En ti serán benditas
todas las familias de la tierra.»*

Volvemos a ver la misma promesa a Abram, ahora llamado Abraham, en Génesis 22, cuando Dios lo pone a prueba. En el versículo 18, Dios dice: "En tu simiente serán bendecidas todas las naciones de la tierra, porque tú has obedecido mi voz".

Los salmos están repletos de declaraciones sobre el corazón de Dios para las naciones. Salmos 96:1-3 proclama:

*Canten al Señor un cántico nuevo;
Canten al Señor, toda la tierra.
Canten al Señor, bendigan Su nombre;
Proclamen de día en día las buenas nuevas de Su salvación.
Cuenten Su gloria entre las naciones,
Sus maravillas entre todos los pueblos.*

Los profetas también fueron inspirados para decir a las naciones que se prepararan para la liberación de Dios. Por ejemplo, Isaías 49:5-6 dice:

*Y ahora dice el Señor
(el que me formó desde el seno materno para ser Su siervo,
Para hacer que Jacob vuelva a Él
y que Israel se reúna con Él,
Porque honrado soy a los ojos del Señor
Y Mi Dios ha sido Mi fortaleza),
Dice Él:
«Poca cosa es que Tú seas Mi siervo,
Para levantar las tribus de Jacob
y para restaurar a los que quedaron de Israel.
También te haré luz de las naciones,
Para que Mi salvación alcance hasta los confines de la tierra».*

Por supuesto, en el Nuevo Testamento, la Iglesia recibió el mandato de la gran comisión directamente de nuestro Señor Jesucristo. Los cuatro evangelios y el libro de Hechos registran que Jesús mandó a sus seguidores a hacer discípulos de todas las naciones por el poder del Espíritu Santo. (Véase Mateo 28:1820, Marcos 16:14-16, Lucas 24:46-49, Juan 20:21-23 y Hechos 1:8).

En Hechos 2, cuando el Espíritu Santo desciende sobre los judíos de "todas las naciones bajo el cielo" que escucharon las magníficas obras de Dios en sus propias lenguas, vemos esa promesa cumplida. En Hechos 8, cuando la persecución dispersó a los creyentes, estos llevaron el evangelio a Samaria. Allí Felipe comparte el evangelio con el eunuco etíope, quien se convierte en el primer gentil bautizado.

En Hechos 10, mediante una visión, Dios le hace una revelación a Pedro, quien termina diciendo: "Ciertamente ahora entiendo que Dios no hace acepción de personas, sino que en toda nación el que le teme y hace lo justo, le es acepto. El mensaje que Él envió al pueblo de Israel, predicando de paz por medio de Jesucristo, que Él es Señor de todos" (Hechos 10:34-36).

Luego, en Hechos 13:1-3, vemos a la iglesia de Antioquía —una iglesia multiétnica— adorando junta. El Espíritu Santo ordena a la iglesia que aparte a Saulo y a Bernabé para enviarlos como misioneros.

"Y este evangelio del reino se predicará en todo el mundo como testimonio a todas las naciones, y entonces vendrá el fin" (Mateo 24:14). Por lo tanto, como creyentes, tenemos el mandato bíblico no solo de hacer discípulos en todas las naciones, sino de hacer discípulos que formen más discípulos. Tal como Pablo le indicó a Timoteo: "Y lo que has oído de mí en la presencia de muchos testigos, eso encarga a hombres fieles que sean capaces de enseñar también a otros" (2 Timoteo 2:2).

Este no es un estudio bíblico exhaustivo sobre las bases misionales de la Palabra de Dios. Existen muchos libros y artículos ya escritos que te ayudarán a entender el plan misional de Dios desde Génesis hasta Apocalipsis. La cuestión es que la Biblia revela que el plan de Dios desde antes de la creación del mundo era crear un medio para que la humanidad pecadora tuviera una relación con Él, un Dios santo. No solo estaba guardando a la nación de Israel para sí mismo, sino que estaba haciendo un camino para que todos los que creyeran en Él, incluidos los gentiles, tuvieran vida eterna (Juan 3:16).

La visión que Juan revela sobre cómo es el Cielo, en Apocalipsis 7:9, comprende a personas de todas las naciones: "Después de esto miré, y vi una gran multitud, que nadie podía contar, de todas las naciones, tribus, pueblos, y lenguas, de pie delante del trono y delante del Cordero...". Por lo tanto, sabemos que hacer discípulos de todas las naciones es imprescindible para la Iglesia y para cada creyente.

El pastor tiene la responsabilidad de enseñarle la Palabra a la congregación. Si predica toda la historia bíblica, la misión de Dios aparecerá en cada mensaje, en cada estudio bíblico, en cada actividad de la iglesia. Si el pastor enseña fiel e íntegramente la Palabra de Dios a la congregación, comunicando la visión del corazón de Dios para las naciones, entonces el ministerio y las misiones impulsarán a los miembros, y la iglesia crecerá. Dios proveerá los recursos para hacer su voluntad.

En Efesio 4:11-13, Pablo explica este principio a la iglesia en Éfeso: "Y Él dio a algunos el ser apóstoles, a otros profetas, a otros evangelistas, a otros pastores y maestros, a fin de capacitar a los santos para la obra del ministerio, para la edificación del cuerpo de Cristo; hasta que todos lleguemos a la unidad de la fe y del pleno conocimiento del Hijo de Dios, a la condición de un hombre maduro, a la medida de la estatura de la plenitud de Cristo". Conforme capacite a los santos para que usen sus dones espirituales en los ministerios de la iglesia, Dios levantará misioneros para que salgan y levantará líderes para que ocupen sus puestos en la iglesia local. También capacitará a la iglesia para enviar a quienes Él ha llamado. Si el pastor guía a la iglesia a adoptar plenamente la gran comisión, la iglesia estará dispuesta a unirse al pastor también en el ministerio local. La gran comisión comienza como un ministerio en la comunidad local y se extiende posteriormente más allá. De esta manera, el pastor no llevará toda la carga del ministerio, sino que cada miembro de la iglesia podrá acompañarlo en el cumplimiento de la gran comisión. No podemos llevar a cabo la misión de Dios sin depender de su provisión y fidelidad.

¿Perderá el pastor a algunos de los discípulos más activos y fieles para las misiones y otros ministerios? Por supuesto. Ese es el objetivo de 2 Timoteo 2:1-3. Participar en la misión de Dios tiene un precio. Debemos hacer un sacrificio. Sin embargo, al hacer esos sacrificios por obediencia a la gran comisión, Dios los bendecirá y multiplicará por el bien de su reino.

LOS RESULTADOS DE LA OBEDIENCIA

Cuando el pastor Mateo regresó a su iglesia, luego de asistir a la conferencia misionera internacional con Sofía y Daniela, Dios había transformado su corazón. Deseaba que toda la iglesia se involucrara en la proclamación del evangelio a las personas no alcanzadas del mundo, comenzando en su comunidad y extendiéndose luego hasta los confines de la tierra.

Ahora, el pastor Mateo dice: "Si el pastor de una iglesia se moviliza para llevar el evangelio a las naciones, movilizará a toda la iglesia". Trabajando a partir de una estrategia misionera basada en Hechos 1:8, tiene equipos que planean las misiones a nivel local, regional y global. Los miembros, como Sofía, también procuran movilizar a otros pastores e iglesias de la ciudad para que colaboren en la tarea de alcanzar a las naciones con el evangelio. De hecho, este enfoque en la gran comisión ha hecho crecer a la iglesia. Además, la congregación está enviando misioneros a las naciones, apoyándolos económicamente y en oración. El pastor Mateo también ha movilizado a otros pastores de su denominación para que colaboren en el envío y sostenimiento de más misioneros.

YENDO HACIA ADELANTE

Una vez que el pastor tiene el corazón dispuesto no solo a hacer crecer la iglesia, sino también a llevar el evangelio a las naciones, entonces puede movilizar a toda la iglesia para que tenga la misma disposición. Puede explicar con sencillez cómo la iglesia entera puede participar en la misión de Dios. Esencialmente, está ayudando a la iglesia a adoptar el corazón de

Dios para las naciones.

Gracias a las asesorías realizadas en torno a *Los ocho pasos para la continuidad de la misión*, pastores e iglesias, en situaciones similares, han podido elaborar planes de acción para hacer progresar su visión misionera. En el siguiente paso, veremos cómo un pastor puede movilizar a toda la iglesia, desde los miembros más jóvenes hasta los más ancianos, para que se involucre en el ministerio, asumiendo así su papel en la gran comisión y, al mismo tiempo, haciendo crecer la iglesia local y el reino de Dios.

PASO DOS

Movilización de la iglesia

C OMO VIMOS EN EL PASO UNO, el pastor de la iglesia local es un agente fundamental en la movilización de la iglesia para el ministerio. Cada pastor quiere lo mejor de Dios para la iglesia y quiere ver a la congregación crecer en profundidad espiritual, en el ministerio a la comunidad y en cantidad. Sin embargo, ¿cómo puede un pastor comunicar a toda la iglesia la visión del corazón de Dios para las naciones de manera que cada miembro pueda recibir capacitación y usar sus dones espirituales para servir al cuerpo y a la comunidad?

Este es un ejemplo de cómo los pastores y los ancianos de una iglesia estadounidense equiparon y movilizaron a todos los miembros para trabajar en el ministerio, desde los más jóvenes hasta los más ancianos.

IGLESIA BAUTISTA GRACE COMMUNITY: "DESDE LA K HASTA KITTY"

La iglesia bautista Grace Community es una fraternidad de unas 150 familias ubicada en Richmond, Virginia. En sus treinta y seis años de historia, esta congregación ha enviado y sostenido a decenas de misioneros internacionales de largo plazo por medio de varias organizaciones colaboradoras. Las misiones no son solo parte de lo que hacen los miembros, es su propósito. La iglesia dispone de equipos activos para las misiones locales e internacionales, los cuales planifican servicios y actividades durante todo el año para que la gran comisión esté presente en todo lo que hacen.

Cada año, durante la temporada navideña, los pastores y los ancianos desafían a todos los miembros del cuerpo de creyentes a participar en los distintos aspectos de las misiones. Además de contribuir con la ofrenda misionera anual, se desafía a cada familia o persona a comprometerse con las siguientes actividades durante todo el año entrante:

1. Orar por la salvación de las etnias no alcanzadas de todo el mundo y por cada misionero que haya sido enviado por la iglesia Grace Community, ya sea para servir en el país o en el extranjero. También se les pide a los miembros que oren por sus vecinos. Finalmente, se desafía a los miembros a preguntarle al Señor cómo desea que participen en la misión de la iglesia.
2. Ofrendar generosa y sacrificadamente para apoyar cada uno de los esfuerzos misioneros de la iglesia.
3. Hacer un viaje misionero, ya sea para servir en el centro local para embarazos en crisis, para llevar a cabo una obra a corto plazo en otro estado o para pasar el verano trabajando junto a otros misioneros de la iglesia en el extranjero.

Los pastores desafían a todas las personas que puedan participar, desde los miembros más jóvenes hasta los más ancianos. Se considera que hasta los niños de kínder pueden participar orando, dando parte de su mesada y ministrando a sus amigos, familiares y vecinos. La señora Kitty es el miembro más antiguo de la congregación. Debido a su avanzada edad, Kitty no puede viajar al extranjero, pero tiene fama de ser la guerrera orante más ferviente de la iglesia. Ella organiza un tiempo de oración en su casa todos los viernes a las 6 de la mañana. Además, desayuna en restaurantes locales varios días de la semana para poder conocer a otras personas, compartirles el evangelio y orar por ellas.

Por eso, en Grace Community, el lema es que todo el mundo, "desde la K (niños de kínder) hasta Kitty", debe participar en las misiones: orando, dando y yendo, durante todo el año. Este es un ejemplo de la movilización efectiva de toda una iglesia en favor de las misiones. Todos los miembros pueden participar en el envío de alguien. Además, Dios llamará a unos cuantos a las misiones. Los "enviadores de misioneros", quienes apoyan a través de oraciones y ofrendas, deben estar arraigados en el núcleo mismo de la iglesia —en cada grupo de edad—, como en el ejemplo de Grace Community. La educación misionera no es un complemento del programa de capacitación de la iglesia, sino que debe estar en el centro mismo, porque llevar el evangelio a las naciones es responsabilidad de la iglesia.

EQUIPAMIENTO DE LA IGLESIA

UNA RESPONSABILIDAD CRUCIAL DEL PASTOR es equipar a la congregación para que cada creyente sea capaz de usar sus dones espirituales para ministrar a la iglesia y a las personas perdidas, tanto en la comunidad local como en el extranjero. Pablo le dice a la iglesia de Éfeso que Cristo "dio a unos el ser apóstoles, a otros profetas, a otros evangelistas, a otros pastores y maestros, a fin de capacitar a los santos para la obra del ministerio, para la edificación del cuerpo de Cristo" (Efesios 4:11-12).
Cuando un pastor comunica la visión misionera, es común que los miembros de la congregación planteen preguntas con las cuales no todos los pastores se sientan cómodos. Por ejemplo, un miembro puede acercarse a preguntar: "¿Cómo podemos desviar recursos a un campo misionero en otro lugar habiendo tantas personas perdidas en nuestra zona?".

En ese caso, el pastor debe estar preparado con respuestas basadas en las Escrituras y ayudar a ese miembro a entender el papel de la iglesia en la gran comisión.

Hemos diseñado el material de asesoría del presente libro a fin de equipar a los pastores para que puedan responder a estas preguntas basándose en la Palabra de Dios. La construcción de una base sólida es fundamental para que la visión misionera adquiera fuerza dentro de la iglesia local. Lucas 6:46-49 enfatiza la importancia de una casa construida sobre cimientos firmes. La casa construida sobre la roca se mantiene firme cuando llega la lluvia. No así la casa sin cimientos sólidos. El pasaje desafía al lector a ser un hacedor, a actuar según los mandatos de la Escritura. Si respondemos de esta manera, nuestra casa se mantendrá en pie. Por lo tanto, una visión misionera construida sobre la Palabra de Dios resistirá la prueba del tiempo y proporcionará una base firme para poder implementar un plan y una estrategia misioneros (véase el paso cinco) que sean consecuentes y perdurables.

Hay seis preguntas relevantes que un pastor debe abordar al comunicar una visión misionera a la iglesia. El pastor puede elegir entre predicar una serie de sermones, escribir artículos o desarrollar estudios bíblicos en grupos pequeños para responder a lo que llamamos "las seis preguntas fundamentales" sobre la participación de la iglesia local en las misiones. Dichas preguntas son:

1. ¿Qué son las misiones?
2. ¿Por qué debemos hacer misiones?
3. ¿Cuándo debemos hacer misiones?
4. ¿Dónde debemos hacer las misiones?
5. ¿Quién debe participar en las misiones?
6. ¿Cómo debemos hacer las misiones?

¿Qué son las misiones? Es interesante escuchar las distintas definiciones de "participación misionera" de los miembros de la iglesia. Con frecuencia mencionan diversas actividades valiosas, siendo la respuesta más común: "compartir el evangelio". En realidad, las misiones son un enorme paraguas que puede abarcar ayuda para desastres naturales, necesidades y desarrollo humanos, ministerios médicos, agrícolas y educativos. Sin embargo, todas estas actividades, si se realizan sin la proclamación del evangelio, no concuerdan con el concepto bíblico de las misiones. Al definir las misiones, debemos también considerar la diferencia entre evangelismo y discipulado continuos dentro de la iglesia local y el mandato de las Escrituras de "hacer discípulos de todas las naciones" (la gran comisión dada a la Iglesia). Mateo 24:14 nos dice que el evangelio debe predicarse a todos los pueblos antes de que el Señor regrese. No nos corresponde determinar cuándo regresará el Señor, pero sí reconocer que el mandato bíblico para la Iglesia es proclamar el evangelio hasta los confines de la tierra, a todos los que necesiten escucharlo. Las misiones son el concepto que engloba todo eso. El núcleo de las misiones es el evangelio y la necesidad de compartirlo con todos los pueblos.

Además, las misiones están vinculadas a las promesas de Dios, como su promesa de estar siempre con nosotros (Mateo 28). Por último, el punto culminante viene a ser la visión de Apocalipsis 7:9, según la cual las misiones tendrán éxito, puesto que el Señor promete que todas las naciones, pueblos, lenguas y tribus tendrán representantes que adorarán al Señor en el Cielo.

¿Por qué debemos hacer misiones? Esta pregunta es especialmente importante para los miembros que se preguntan por qué una iglesia tendría que enfocarse en las naciones, habiendo tanta gente perdida en una comunidad local, pueblo, ciudad o región. Otra vez, la respuesta proviene de las Escrituras. El mundo está perdido y a punto de ser juzgado (Hebreos 9:27). Dios ama al mundo y envió a Jesús para salvar a la humanidad (Juan 3:16-17). Fuera de Jesús no hay salvación (Hechos 4:12, Juan 14:6). Hechos 1:8 proyecta la visión más allá de la iglesia local y hasta los confines de la tierra, no olvidando Judea y Samaria. El pasaje no determina un calendario ni el nivel de madurez de la iglesia necesario para adoptar plenamente la misión; además, la tarea no es progresiva. Romanos 10:13-15 nos dice que las personas perdidas no escucharán si es que no hay un predicador o proclamador. Por lo tanto, la iglesia debe buscar deliberadamente la guía del Señor para llegar a su Jerusalén, Judea, Samaria, y a los confines de la tierra (Mateo 28:16-20). La misión de la iglesia comprende el mundo entero. De modo que la manera de adoptar específicamente esta comisión debe ser objeto de oración y de diálogo en la iglesia. El capítulo "Planificando las misiones transculturales" (paso cinco) presenta algunas buenas pautas para que una iglesia pueda comenzar con un plan sistemático. Buscar al Señor en oración como cuerpo de creyentes es el primer paso, y es crucial.

¿Cuándo debemos hacer misiones? La respuesta a esta pregunta requiere un equilibrio entre la preparación y el tiempo adecuados, así como la sensibilidad ante la premura de la tarea. Puesto que miles de personas mueren cada día sin el Señor, el tiempo es crucial para aquellos cuyas vidas pueden apagarse sin una oportunidad de escuchar el evangelio. El pasaje de Hechos 13, en el que el Espíritu Santo llama a Pablo y a Bernabé, nos dice que el Señor le mostrará a cada iglesia el momento adecuado para enviar misioneros con la ayuda del Espíritu. En Juan 4, Jesús desafía a sus discípulos al hablar con la mujer samaritana en el pozo. No solo desafía sus prejuicios contra las mujeres y los samaritanos, sino que también expresa que los campos están "listos para la cosecha" (Juan 4:35). En Lucas 19:10, reconocemos que el propósito entero de la venida de Jesús es "buscar y salvar lo que se había perdido". Por lo tanto, nosotros también debemos ocuparnos de esa tarea. Con el énfasis que le da las Escrituras, incluso en las primeras etapas de la plantación de una iglesia, la gran comisión debe considerarse primordial y la iglesia debe hacer una planificación deliberada, buscando la guía del Señor para definir cuál es su papel en la misión, en la gran comisión.

¿Dónde debemos hacer las misiones? La cuestión del "dónde" de las misiones debe responderse en términos de "quién necesita el evangelio". No podemos elegir solo aquellos lugares que se adapten fácilmente a nuestra propia cultura y entendimiento. Hay que estar dispuestos a llevar el evangelio a pueblos y lugares muy poco conocidos, y entre personas cuyas vidas son muy distintas, tomando en cuenta que algunos aspectos culturales pueden parecer ofensivos. Por tanto, la cuestión de dónde emprender la actividad misionera puede comenzar con una evaluación de nuestra propia percepción de las personas que son distintas a nosotros.

A menudo las membresías de las iglesias son monoculturales. Si es así, es posible que los miembros no tengan la oportunidad de relacionarse con personas de diferentes etnias, idiomas y países de origen. Hechos 10 es un pasaje excelente para que tanto la iglesia como los candidatos a misioneros estudien y evalúen los prejuicios que pudieran tener hacia los demás. En Hechos 10, la visión y la voz del Señor desafiaron a Pedro a considerar sus prejuicios contra los gentiles, específicamente contra los romanos y su ejército de ocupación. Con esta visión, Dios demostró a Pedro que los cristianos judíos debían compartir el evangelio con los gentiles —un pueblo a quien Pedro consideraba impuro. Tuvo que superar esa distinción por el bien del evangelio. Como resultado, Cornelio y su familia creyeron y se bautizaron. Por lo tanto, todos debemos explorar nuestros prejuicios. Sin embargo, esta es solo una parte del proceso para ayudar a la iglesia a decidir dónde involucrarse.

A veces debemos tomar en cuenta las oportunidades. ¿Ha dado Dios una oportunidad específica para ministrar a través del acceso o las relaciones dentro de la iglesia que haga pensar en las personas no alcanzadas? En ocasiones, si una iglesia tiene en su entorno una determinada comunidad de refugiados, tratará de involucrarla a nivel local o en su país de origen. A veces la iglesia acepta el llamado específico de los miembros asociándose con ellos para llevar el evangelio a una etnia o a un lugar no alcanzados. En el quinto paso, se desafiará a la iglesia a desarrollar un plan que comience con la oración conjunta por las naciones y la búsqueda de la dirección del Señor en cuanto a los lugares en los que la iglesia debe involucrarse.

¿Quién debe participar en las misiones? La pregunta no debe ser quién debe ser testigo del evangelio, ya que esa tarea le corresponde a todos los creyentes, pues "nos dio el ministerio de la reconciliación" (2 Corintios 5:17-19). La pregunta es más bien: ¿a quién está llamando Dios a cruzar fronteras —geográficas, culturales, religiosas y lingüísticas— para llevar el mensaje del evangelio a etnias y lugares no alcanzados? Las Escrituras deben comunicar la visión. Esta tarea puede llevarse a cabo a través del ministerio de la predicación, pero también puede producirse a través de las clases de discipulado, las reuniones de consejería, los estudios para niños y las experiencias misioneras transculturales. El Espíritu Santo puede usar la exposición de los creyentes a la Palabra de Dios y las experiencias directas en el campo misionero para llamarlos al servicio misionero. Es importante que la iglesia provea un ambiente en el que esto pueda concretarse. Los estudios bíblicos presentados en el capítulo "Levantando misioneros" (paso cuatro) pueden ser útiles para avanzar en este proceso con los candidatos a misioneros. El misionero es llamado por Dios y es apartado por la iglesia con el fin de cruzar varias fronteras y llevar el evangelio a las personas no alcanzadas. Todos los creyentes están llamados a ser "testigos", pero solo algunos son llamados a ser misioneros.

¿Cómo debemos hacer las misiones? Si te haces esta pregunta, quizá sea el momento de celebrar. Quiere decir que las otras preguntas ya han sido respondidas y que los miembros tienen ganas de saber qué pueden hacer. El proceso entero de los *ocho pasos* ayuda a contestar esta pregunta: ¿cómo implementamos la tarea misionera entre las etnias y los lugares no alcanzados? La iglesia y cada persona tienen un papel que desempeñar. Cuanto más se actúe en comunidad (orando, estudiando las Escrituras y buscando al Señor conjuntamente), más unida estará la iglesia en su visión misionera. No significa que todos deban hacer lo mismo, pero todos deben permanecer juntos con una misma mente y un mismo corazón, unidos hacia un propósito común como se describe en Filipenses 2:1-3. Los miembros deben reconocer que todos tienen el llamado a la gran comisión. Algunos a "enviar" y otros a "ir". Todos podemos participar en lo que respecta al envío inmediato. Y, en ese proceso, Dios llamará a algunos a explorar el llamado a viajar como misioneros, llevando el evangelio a las etnias y los lugares no alcanzados.

El pastor juega un papel decisivo en la comunicación de la visión, pero es fundamental que cada miembro acepte la visión y su parte en ella.

El enfoque "Desde la K hasta Kitty", usado por la iglesia bautista Grace Community, es un excelente modelo. Cuanto más profundamente adopte la iglesia la visión, más oraciones, donativos y participación habrá para lograrla. Hebreos 11:6 dice que "sin fe es imposible agradar a Dios". Tal es el caso de la adopción de la visión misionera. Si oramos y acompañamos esa oración con acciones, el Señor afirmará y dirigirá nuestros pasos para aceptar plenamente lo que Él tiene para la iglesia, especialmente el papel de toda la iglesia en la gran comisión.

PASO TRES

Ministerio local

Estableciendo iglesias sanas

A VECES confundimos la apariencia externa con la salud. Esta confusión puede ocurrirnos incluso con quienes conocemos bien. Lo que vemos en el exterior no siempre refleja la salud interior. Considera el siguiente relato de uno de los autores:

> Creí que andaba bien físicamente. Sin embargo, un examen físico anual reveló algo muy diferente. La corazonada de uno de los médicos que me examinó condujo a más análisis de sangre, a una resonancia magnética y, finalmente, a una biopsia que reveló la enfermedad que

todos tememos: cáncer. Quedé conmocionado. Me sentía bien, no tenía síntomas, así que no podía entender cómo una enfermedad potencialmente catastrófica podía estar al acecho en mi cuerpo. Pero el diagnóstico de cáncer fue definitivo y yo necesitaba un tratamiento específico; de lo contrario, la enfermedad podría extenderse a otras partes de mi cuerpo. Los médicos elaboraron un extenso plan de tratamiento, el cual terminé al cabo de varios meses. El tratamiento fue invasivo y, a veces, doloroso. Ahora los médicos dicen que estoy sano, libre del cáncer. De no haber sido por el diagnóstico y mi buena disposición a seguir el tratamiento, el cáncer podría haberse extendido a otras partes de mi cuerpo, causando estragos en mi organismo, agravando la enfermedad o causándome la muerte.

Uno podría preguntarse: "¿Qué tiene que ver eso con el ministerio local y las iglesias sanas?". Al igual que con la salud personal, a menos que haya un examen minucioso, nunca se podrá diagnosticar la salud real de una iglesia. Y, cuando se trata de enviar misioneros, una iglesia espiritualmente sana tendrá más probabilidades de enviar misioneros espiritualmente sanos. De igual manera, es más probable que una iglesia enferma envíe misioneros poco sanos. Un misionero sin salud espiritual no está preparado para los rigores de las misiones transculturales, puede tener dificultades para adaptarse a los desafíos y casi nunca podrá mantener su presencia en el campo.

La iglesia Lighthouse*, ubicada en Asia, había experimentado un crecimiento continuo desde su fundación a mitad de los años noventa. Contaba con muchos jóvenes y adultos jóvenes con talento musical, los cuales hicieron que la adoración tuviera un toque profesional, jovial y edificante. Asistía un buen grupo de gente que hablaba diferentes idiomas, por lo que la iglesia debía traducir los servicios de predicación. Reconociendo la necesidad de un discipulado más profundo y personal, la iglesia también creó grupos de discipulado por toda la ciudad, que tenía una población de aproximadamente un millón de habitantes. Estos grupos numerosos, se reunían en casas, restaurantes y cafeterías. Una vez al mes, los domingos por la tarde, el pastor principal capacitaba a los líderes de los grupos pequeños, dándoles materiales de estudio bíblico para cuatro semanas. Los grupos pequeños tenían ministerios de oración activos y dedicaban gran parte del tiempo de las sesiones a la oración y a atender las necesidades de los miembros del grupo.

Cuando nos invitaron como equipo asesor a enseñar a estos líderes de grupos los principios del liderazgo de servicio, de la dinámica de los grupos pequeños y del discipulado transformador, se reunieron unos cincuenta, en representación de los grupos pequeños que se reunían en toda la ciudad. Empleamos una herramienta de análisis adaptada a partir del proceso de mapeo Church Circles, incluido en *Four Fields of Kingdom Growth*[5], con el fin de obtener información de estos líderes que nos permitiera evaluar el estado de salud de la iglesia. Los resultados fueron sorprendentes.

En la evaluación se les pide a los participantes que examinen Hechos 2, así como otros pasajes de la Biblia que describen a la Iglesia primitiva, para que identifiquen las características de la Iglesia en el momento de su fundación. A continuación, se les pide que detecten esas características en su propia iglesia. Además, el grupo vio "Doce características de una iglesia sana"[6] y los líderes de grupos pequeños completaron una evaluación individual. El examen que se hizo a estos cincuenta líderes reveló varias de las características de la iglesia que consideraban fuertes, tales como la adoración, la oración, las ofrendas y la fraternidad. Sin embargo, la predicación bíblica y el discipulado recibieron calificaciones más bajas, y fueron las áreas que se consideraron como las que más debían mejorar. Estos resultados fueron sorprendentes tanto para el pastor como para nosotros, como equipo asesor. Nuestra expectativa era que el discipulado y la predicación estuvieran entre las fortalezas de esta iglesia.

Aunque la evaluación identificó el problema, no aclaró la razón. El

---

5. Nathan and Kari Shank, *Four Fields of Kingdom Growth: Starting and Releasing Healthy Churches* [Los cuatro campos del crecimiento del Reino - Cómo iniciar y poner en marcha iglesias sanas] (2007, rev. 2014), https://static1.squarespace.com/static/588ada483a0411af1ab3e7ca/t/58a40ef11b631bcbd49c88c0/1487146760589/4-Fields-Nathan-Shank-2014.pdf.

6. "Doce características de una iglesia sana", *Fundamentos* (Richmond, VA: IMB, 2022).

pastor invertía mucho tiempo en la preparación de los sermones, la investigación de comentarios y la oración por los temas adecuados con el fin de ayudar a la iglesia. También dedicaba mucho tiempo a preparar las lecciones para los líderes de los grupos pequeños, a los que les proporcionaba el contenido necesario para guiar adecuadamente a sus respectivos grupos. Mantuvimos un diálogo de seguimiento con los líderes de los grupos pequeños con el fin de saber por qué consideraban que estas dos áreas eran problemáticas. Reconocieron que el pastor se empeñaba en la preparación de sermones bíblicos y no hubo ninguna crítica en cuanto al contenido. Pero la conversación reveló que a menudo los sermones eran demasiado académicos para los miembros de la iglesia, especialmente para los nuevos creyentes.

A los miembros les costó entender los conceptos y no pudieron relacionarlos con su vida cotidiana. Muchos eran creyentes de primera generación y aún llevaban parte de las cargas de su vida previa a Cristo. A muchos se les enseñó desde el nacimiento las religiones asiáticas tradicionales, por lo que se enfrentaban a una persecución en el seno de sus propias familias. Tales miembros no tenían muchas herramientas para afrontar estos problemas familiares. Los líderes de los grupos pequeños manifestaron una sincera necesidad de escuchar sermones que trataran sobre cosmovisiones en conflicto (la cosmovisión cristiana y las diversas cosmovisiones asiáticas del lugar de procedencia de estos miembros). Por ejemplo, uno de los líderes habló de la necesidad de comprender cómo aborda la Biblia la cultura de honor y deshonra que caracteriza a su sociedad. Otra inquietud era cómo podían comprender mejor el sacrificio de Jesús en la cruz al contrastarlo con el sistema de sacrificios del templo que caracteriza a las creencias locales. Necesitaban una aplicación directa de las enseñanzas bíblicas a sus vidas cotidianas para poder obtener respuestas a estas preguntas tan profundas y problemáticas.

En consecuencia, el pastor cambió su enfoque. Presentó una serie de sermones sobre algunos de esos problemas culturales y aprovechó la oportunidad para enseñar la cultura bíblica en contraste con las falsas enseñanzas modernas. Los grupos pequeños se convirtieron en espacios seguros en los que la gente podía hacer preguntas relacionadas con el sermón y pedir aclaraciones a los líderes. Seis meses después, los resultados de la evaluación de seguimiento fueron muy diferentes. Lo que inicialmente se consideró una debilidad de la iglesia, se había convertido en una fortaleza. El pastor había adaptado su predicación y enseñanza bíblica para que tuviera un impacto directo en la vida de las personas y dejó de lado el discurso teológico académico que los miembros habían escuchado en el pasado.

DOCE CARACTERÍSTICAS DE UNA IGLESIA SANA

DEBEMOS RECORDAR que la apariencia no siempre refleja la realidad. En el caso de la iglesia local, no refleja la salud de la iglesia conforme a los estándares bíblicos. Con mucha frecuencia utilizamos las megaiglesias o las iglesias que tienen servicios de adoración innovadores como modelos de salud eclesiástica que otras deben imitar. Al ver el modelo bíblico de iglesia, podemos ver que el tamaño y el estilo de adoración no son estándares de evaluación.

Esta es la definición de iglesia según la "Fe y el mensaje bautistas" que nos sirve como estándar para las misiones en la IMB:

> Una iglesia neotestamentaria del Señor Jesucristo es una congregación local autónoma de creyentes bautizados, unidos por consenso en la fe y la fraternidad evangélicas, que practican las dos ordenanzas de Cristo, se rigen por sus leyes, ejercen los dones, derechos y privilegios que les confiere su Palabra y buscan difundir el evangelio hasta los confines de la tierra. Cada congregación opera bajo el señorío de Cristo mediante procesos democráticos. En una congregación así, cada miembro es responsable y rinde cuentas a Cristo como Señor. Los pastores y diáconos se encargan de cuidar que la enseñanza se apegue fielmente a las Escrituras. Aunque tanto hombres como mujeres están capacitados para el servicio en la iglesia, de acuerdo con las Escrituras, el cargo de pastor se limita a los varones.

El Nuevo Testamento habla también de la iglesia como el Cuerpo de Cristo el cual incluye a todos los redimidos de todas las edades, creyentes de cada tribu, y lengua, y pueblo, y nación.[7]

El criterio de una iglesia sana es más bien un criterio cualitativo basado en las doce características descritas en *Fundamentos*.[8] Esas doce características son:

1. *Evangelismo bíblico* (Hechos 2:38)
2. *Discipulado bíblico* (Hechos 2:42, Mateo 28:19-20)
3. *Predicación y enseñanza bíblicas* (Hechos 2:42)
4. *Liderazgo bíblicos* (Hechos 2:42, 1 Timoteo 3:1-7, Tito 1:5-9)
5. *Membresía bíblica* (Hechos 2:46, 1 Corintios 12)
6. *Adoración bíblica* (Hechos 2:47)
7. *Fraternidad bíblica* (Hechos 2:46)
8. *Oración bíblica* (Hechos 2:42)
9. *Rendición de cuentas y disciplina bíblicas* (Hechos 2:40, Mateo 18:15-17)
10. *Dar bíblicamente* (Hechos 2:45)
11. *Ordenanzas bíblicas para el bautismo y la Santa Cena* (Hechos 2:38, 41; Mateo 26:26-29)
12. *Misión bíblica* (Mateo 28:16-20, Mateo 24:14)

En nuestras asesorías, a menudo nos referimos a este paso como "ministerio local", así como "iglesia sana". El objetivo es centrar la atención en la iglesia local. El fundamento del reino de Dios en la tierra es su Iglesia. La Escritura nos dice que "las puertas del Hades no prevalecerán contra ella" (Mateo 16:18). Cuando se trata de asumir plenamente el reto de la gran comisión (hacer discípulos de todas las naciones), la iglesia de Dios debe estar tan sana como sea posible para estar preparada ante tan formidable tarea.

Al estudiar el concepto de ministerio local, podemos ver que abarca

---

7. Convención Bautista del Sur, "Fe y Mensaje Bautistas 2000," Declaración de fe, https://bfm.sbc.net/fe-y-mensaje-bautistas/#vi-la-iglesia.

8. "Doce características de una iglesia sana", *Fundamentos*, 2022.

todos los aspectos de la iglesia local, incluyendo esencialmente cada una de las doce características antes mencionadas. El liderazgo bíblico es necesario para dirigir la iglesia y "equipar a los santos para la obra del ministerio, a fin de edificar el cuerpo de Cristo", como se ordena en Efesios 4:11-12. La predicación bíblica y el discipulado son necesarios para ayudar a los creyentes a madurar, y para guiarlos hacia la comprensión de sus dones espirituales y de cómo usarlos en el servicio a través de la iglesia local. La rendición de cuentas, que va de la mano con la membresía y la disciplina bíblicas, ayuda a conservar la pureza de la iglesia y asegura que las falsas enseñanzas y las conductas pecaminosas se mantengan al margen, a fin de que el cuerpo no se debilite. Las ordenanzas del bautismo y la Santa Cena son un testimonio del cambio interno que se produce con nuestra salvación y la obra del Espíritu Santo en nuestras vidas. La adoración, la oración y la fraternidad bíblicas fortalecen el cuerpo de Cristo y nos preparan para enfrentarnos a un mundo perdido y para apoyarnos mutuamente en nuestro andar por la vida. Ofrendar, a la manera bíblica, es devolver al Señor un poco de lo que nos ha dado a cada uno de nosotros. El evangelismo es una función esencial de la iglesia en la que los miembros participan en el ministerio de la reconciliación (2 Corintios 5:17-19). Por último, la misión bíblica consiste en asumir nuestro papel en la gran comisión. La gran comisión se define y se explica en muchos pasajes, pero todos dejan claro que la iglesia tiene responsabilidades en el contexto local y que también debe ayudar a llevar el evangelio hasta los confines de la tierra, a aquellos que nunca lo han oído.

EL COMIENZO EN NUESTRA JERUSALÉN

La IGLESIA LOCAL puede conocer su estado de salud y nivel de preparación para las misiones a través de la condición de su ministerio local. Los miembros deben usar sus dones espirituales para servir en la iglesia. Si el pastor es el único que ministra, los miembros de la iglesia no tendrán la oportunidad de hacerlo ni unos con otros ni con la comunidad que los rodea. El discipulado básico para todas las edades es el núcleo de esta tarea, lo que incluye el estudio y la aplicación de las Escrituras. El pastor debe entender las características de una iglesia sana para lograr que la suya lo sea. Evaluar las fortalezas y las debilidades de una iglesia es un primer paso fundamental para hacer que la iglesia adopte la misión de Dios entre las naciones.

Mientras realizábamos una asesoría de *los ocho pasos* en una capital asiática, tuvimos conocimiento del deseo de una iglesia de compartir el evangelio con las etnias no alcanzadas de una parte remota del país. Un viaje de estudio confirmó que la mayoría de los habitantes de esa zona se identifican como musulmanes, aunque bajo el barniz del islam, sus prácticas cotidianas revelan creencias influenciadas por el animismo. La iglesia había empezado a orar por este pueblo y a investigar cómo podía asociarse con otras para enviar trabajadores a compartir el evangelio allí. Se dieron cuenta de que el idioma y la cultura eran muy diferentes a los suyos, y que se requeriría un gran esfuerzo por parte de la iglesia y de los misioneros escogidos para llevar a cabo esta tarea.

Mientras trabajábamos en cada uno de los *ocho pasos* con estos líderes, la discusión sobre qué es lo que constituye una iglesia sana tocó una fibra sensible entre varias personas del grupo, haciendo que vieran el ministerio de su iglesia de una manera muy diferente. Estuvieron de acuerdo con que los pueblos musulmanes de tierras lejanas que Dios había puesto en su corazón tenían la necesidad de que un misionero entrara en su mundo y aprendiera el idioma y la cultura para poder compartir el mensaje del evangelio. Sin embargo, mientras estudiaban los desafíos que suponían el ministerio y la incursión en esa cultura, detectaron sus deficiencias en la comprensión de cómo ministrar a musulmanes. Sintieron la necesidad de dar a los misioneros potenciales de su iglesia una experiencia de primera mano en el trabajo con musulmanes a nivel local antes de enviarlos a alguna parte remota del país. Además, comprendieron que las actividades misioneras en su comunidad concienciarían a los miembros de la iglesia y animarían a toda la congregación a ser parte de los esfuerzos de este ministerio.

Al pasar a la discusión sobre "Selección y capacitación de misioneros transculturales" (paso seis), el pastor del grupo se levantó de pronto y declaró que ahora se daba cuenta de lo que el Señor le había estado diciendo. Recientemente había descubierto una sala de lectura musulmana en su comunidad, no lejos del edificio donde su iglesia se reunía. Cuando preguntó cuántos conocían esa sala de lectura, la respuesta fue que nadie sabía que existía. Luego preguntó cuántos del grupo tenían amigos o conocidos musulmanes. La respuesta fue unánime: nadie tenía amigos musulmanes. Al darse cuenta de que había muchos musulmanes en su propio barrio, el pastor le propuso a la iglesia que evaluara formas de llegar a ellos.

Esta experiencia no menoscabó su decisión de enviar misioneros a la parte más aislada del país, pero sí puso en evidencia que, allí mismo, en su "propio patio trasero", había un campo de entrenamiento en el que los futuros misioneros y la iglesia local podrían aprender sobre el ministerio con musulmanes conforme los miembros salieran a atender a estos vecinos. El esfuerzo resultante fortaleció a la iglesia local mediante la ministración a las personas perdidas en su comunidad y la demostración del amor de Dios de manera tangible. También supuso una oportunidad para que los que tenían el llamado a trabajar con musulmanes en el remoto lugar practicaran y pusieran a prueba dicho llamado poniéndose en contacto con los musulmanes que vivían en las proximidades.

Algunas veces la mejor estrategia para participar en la gran comisión es fortalecer la iglesia local. No es fácil. Los líderes y miembros de la iglesia deben estar dispuestos a ser transparentes, a examinar cuidadosamente los modelos bíblicos para la iglesia y a sopesar en oración las áreas de la vida eclesial que el Señor quiere que fortalezcan. También hay ocasiones en las que la congregación no presenta signos visibles de ser una iglesia enferma. Sin embargo, una vez que los líderes de la iglesia identifiquen las debilidades, pueden trabajar con los miembros en el desarrollo de planes de acción para realizar los cambios necesarios. En última instancia, las iglesias sanas tienen más probabilidades de equipar y enviar a misioneros sanos y eficaces, mientras que las iglesias enfermas son más propensas a enviar misioneros a quienes se les dificulte adaptarse a los desafíos del campo misionero y quienes, por lo tanto, contribuyen a las altas tasas de deserción de las iglesias y agencias enviadoras. Para que cada uno de los *ocho pasos* produzca un efecto significativo, debe ponerse especial atención al paso tres y a la iglesia local. Las debilidades en la salud de la iglesia pueden obstaculizar gravemente el desarrollo de esta en otros pasos. Sin embargo, hacer un esfuerzo para fortalecer el ministerio local y la salud de la iglesia puede llevar a la congregación al proceso de tender un puente entre la iglesia y el campo misionero, y ayudar a la iglesia a asumir plenamente su papel en la gran comisión.

PASO CUATRO

Levantando misioneros

LA PRIMERA CONFERENCIA SOBRE LAS MISIONES realizada en esta pequeña red rural de iglesias del sudeste asiático atrajo a unos cuarenta asistentes de diversos grupos étnicos, todos los cuales se ganaban la vida cultivando las escarpadas laderas de las montañas de la región. El evangelio había llegado a esta zona hacía más de una década y el número de creyentes había seguido creciendo. Los misioneros que llevaron el evangelio se habían centrado en el discipulado y la capacitación de líderes, y esos esfuerzos dieron un fruto excepcional. Aunque la persecución hizo que los primeros años fueran difíciles, esta disminuyó cuando las autoridades se dieron cuenta de lo mucho que aportaban los cristianos a la economía y al bienestar social de la zona. A pesar de que los recursos gubernamentales destinados a estas comunidades eran limitados, una generación antes, el gobierno había implementado la educación hasta el cuarto grado. Muchos creyentes hablaban el dialecto de su pueblo, pero ahora también tenían acceso a una traducción de la Palabra de Dios en el idioma en que comerciaban y se educaban.

Nos reunimos en una granja remodelada que no era muy propicia para una conferencia sobre misiones. Sin embargo, los participantes estaban entusiasmados y se percibía en el ambiente que la gran comisión era para todo el pueblo de Dios, incluso para los humildes agricultores. Al escuchar la visión de las misiones, los participantes empezaron a identificar la diversidad de personas que viven allí mismo, en su propia comunidad. La mayoría admitió haber evitado conocer a dichas personas porque hablaban un idioma diferente, llevaban ropa distinta e incluso comían otros alimentos. Cuando los participantes comprendieron los mandatos de la gran comisión, descritos en Mateo 28, y fueron desafiados a asumir un compromiso personal, oraron fervientemente, pidiéndole a Dios que les mostrara cómo podían participar.

Pocos jóvenes de ese país permanecen en las granjas, pues la mayoría emigra a zonas urbanas en busca de oportunidades educativas o empleos en fábricas. Sin embargo, algunos jóvenes que asistieron a la conferencia misionera permanecieron en las granjas para ayudar a familiares de edad avanzada que no podían hacer frente a los rigores de las tareas diarias. Los participantes entendieron el mandato de las Escrituras referente a la gran comisión y un joven, a quien llamaban "hermano Lee", compartió que había empezado a sentir un llamado personal a participar. Se sintió especialmente conmovido al enterarse de que había varios grupos étnicos no alcanzados y no comprometidos que vivían en comunidades agrícolas asentadas en las montañas del sureste del país; comunidades similares a la comunidad donde él había crecido y vivido toda su vida. Para entablar relaciones con esas comunidades agrícolas, hacía falta que entendiera ese estilo de vida, que pudiera vivir en ese entorno rural y que estuviera dispuesto a trabajar en las granjas para ganarse la vida. Esta descripción conmovió el corazón del hermano Lee. Sintió que el perfil del trabajo misionero compartido en la reunión era una descripción de su vida, lo cual interpretó como un llamado de Dios a ser misionero. Los organizadores de la conferencia oraron con el hermano Lee, pidiendo que la voluntad del Padre se confirmara y aclarara en los próximos días.

A la mañana siguiente, todos los participantes esperaban con expectación la última sesión de la conferencia. Durante el desayuno, los líderes de la conferencia buscaron al hermano Lee, pues esperaban que pudiera compartir, con los participantes de la conferencia, el testimonio de cómo el Señor le estaba hablando con respecto a los no alcanzados y a lo que su llamado podría implicar. Sin embargo, no pudieron encontrarlo por ninguna parte. Cuando los organizadores le preguntaron a su amigo si lo había visto, este les dijo que el hermano Lee se había marchado esa mañana. Se dirigía a las montañas a compartir el evangelio con la etnia no alcanzada que sintió que el Señor había puesto en su corazón el día anterior. Todo el mundo se sorprendió ante este hecho. La pasión del hermano Lee por el destino al que sentía que Dios lo guiaba superó su comprensión acerca de la preparación que necesitaba para cumplir con ese llamado. Lamentablemente, el hermano Lee no duró mucho tiempo en el campo misionero; regresó a casa en menos de un mes.

PRIMERO LO PRIMERO

UN ESTUDIO PROFUNDO DE LAS ESCRITURAS suele encender la pasión por las personas perdidas y motivar a la gente a dejar su vida familiar para comprometerse con personas que son muy distintas y que viven en tierras lejanas. Sin embargo, la pasión no es suficiente. La pasión debe atemperarse mediante un proceso que esclarezca el llamado en la vida de cada uno y garantice que existan todos los elementos necesarios para prestar un servicio misionero eficaz y constante. Además, la pasión por las personas perdidas puede no significar un llamado a ser misionero transcultural o a mudarse a un lugar lejano con la familia. Esta pasión puede satisfacerse de otras maneras, como apoyando económicamente a las misiones, orando por los misioneros y sirviendo a la causa de las misiones en la propia comunidad. Es importante que la iglesia se acerque a quienes sienten un llamado a servir como misioneros transculturales, que los asesore en cada paso del camino y que los ayude a determinar los detalles del llamado y la mejor forma de seguirlo.

Nadie había previsto que el hermano Lee partiría a las misiones al día siguiente de haber sentido el llamado por primera vez. Puede que nosotros, los líderes de la conferencia, hayamos hecho un buen trabajo al comunicar la urgencia de llevar el evangelio a las personas perdidas, especialmente a quienes nunca lo han escuchado. Pero no habíamos comunicado claramente la necesidad de seguir un proceso para aclarar el llamado, determinar qué preparación era necesaria y completar la preparación antes de embarcarse en un viaje de misiones transculturales. El hecho de que la misión sea urgente no invalida la necesidad de tomarse el tiempo necesario para prepararse.

Muchas iglesias confiesan no sentirse preparadas para orientar a los misioneros en potencia. Este punto es un desafío especialmente para aquellas iglesias con poca o ninguna experiencia transcultural. Sin embargo, hay herramientas que las iglesias pueden utilizar para apoyar y animar a los llamados a medida que atraviesan juntos este proceso de entender el llamado de Dios y determinar la mejor manera de obedecerlo. Ninguna persona o pareja debe pasar sola por esta experiencia. Debe hacerse en comunidad, permitiendo que la fuerza de la iglesia sirva a estos miembros mientras buscan ayuda para confirmar y dirigir su llamado.

DE ENTRE ELLOS

Las iglesias pueden levantar intencionalmente misioneros para el servicio. Si los pastores comunican la visión de la gran comisión y proveen oportunidades de servicio y pertenencia a un ministerio, el Señor llamará a algunos miembros a dejar su hogar y atraer a las personas perdidas en otros lugares. La iglesia debe animar a los interesados a explorar sus dones y su llamado a las misiones. La mejor manera de lograrlo es mediante relaciones de tutoría y un análisis de las Escrituras que les permita comprender el llamado a las misiones. También hay que entender la tarea misionera (ver paso ocho), los requisitos para cada función misionera y qué función puede concordar mejor con los dones y la preparación de un miembro.

Es importante recordar que la Palabra de Dios es el cimiento de las misiones. Si se estudia en comunidad, la gente comprenderá mejor su llamado y será capaz de calcular el costo y de prepararse para lo que venga. En la asesoría de los *ocho pasos* se mencionan cinco estudios bíblicos que facilitan este proceso. Cuando llegue el momento de reafirmar a los candidatos para el servicio, los líderes de la iglesia estarán en condiciones de hacer recomendaciones fundamentadas, ya que habrán participado en este proceso de tutoría.

Estos cinco estudios bíblicos (véase el anexo) proporcionan una plataforma que permite a los candidatos considerar los aspectos clave del servicio misionero en la comunidad. Si bien dichos estudios no están redactados exclusivamente para misioneros, los temas hacen que uno considere en oración todo lo que implican las misiones y su repercusión en la comodidad, la familia y otros aspectos de la vida. Los temas incluyen:

- El llamado a las misiones
- El mandato de las misiones transculturales
- El carácter del misionero
- La vida del misionero
- La obra del misionero

El llamado a las misiones. Como Andrew Tuttle explica en "God's Call to Ministry" (El llamado de Dios al ministerio),[9] el llamado a las misiones transculturales no es un evento aislado, sino una sucesión de llamados. Con mucha frecuencia, cuando las personas experimentan un subidón espiritual, como en el caso del hermano Lee cuando literalmente hizo las maletas y se dirigió a las montañas, creen que el llamado a las misiones es el definitivo. En el primer estudio bíblico, hacemos énfasis en que el llamado definitivo es el cumplimiento del propósito que el Señor tiene para la vida de una persona. Si ese propósito conduce al servicio en el extranjero, entonces debemos reafirmar y celebrar esa aspiración. Por otro lado, si el llamado es

---

9. Andrew Tuttle, "God's Call to Ministry" [El llamado de Dios al ministerio] (tesis, Escuela de Posgrado en Teología de California, 1987).

a trabajar en un empleo secular y servir en la iglesia local, siendo sal y luz para las personas perdidas en su comunidad, también debemos celebrarlo.

Por lo tanto, el primer estudio bíblico explora siete áreas del llamado en la vida de una persona, empezando con el llamado inicial (el llamado a la salvación). El repaso de pasajes clave como Romanos 3:23, Romanos 6:23, Juan 3:16-17 y Juan 1:12, ofrece a los creyentes la oportunidad de reafirmar su situación ante el Señor, confirmando que vinieron a Él arrepentidos y con fe, tal como el apóstol Pablo reflexionó en Romanos 10:9-10. Ha habido casos en los que las personas nunca han examinado realmente su propia salvación, algo que deben confirmar antes de contemplar un llamado al servicio transcultural. Ya sea que un creyente termine sirviendo como misionero en el extranjero o no, abordar este punto clave es fundamental.

La segunda área del llamado tiene que ver con la comprensión del papel que juegan los cristianos en el plan de Dios de reconciliar a la humanidad con Él (2 Corintios 5:17-19). Tenemos la función de atraer a otras personas a Cristo para que también puedan reconciliarse con el Señor. Él hace la obra, pero ha dado a su pueblo —la iglesia— el ministerio de la reconciliación, que se manifiesta cuando se relaciona con el mundo perdido. Antes de que los creyentes consideren la posibilidad de mudarse a otro país para ministrar a gente de otra cultura, deben reconocer la oportunidad y la responsabilidad de ser sal y luz para las naciones que están alrededor (Mateo 5:13-14), asumiendo el ministerio de la reconciliación como se menciona en 2 Corintios. Participar en este ministerio puede suponer un desafío. Además, puede revelar la necesidad de capacitar y equipar a las personas para que sean capaces de compartir a Cristo con quienquiera que el Señor ponga en su camino. Si el estudio bíblico se efectúa en comunidad, la iglesia tendrá que estar preparada para intervenir y proporcionar la capacitación y la tutoría necesarias para ayudar a los creyentes a ser testigos eficaces.

La tercera área del llamado es el servicio en la iglesia local. La Escritura nos dice que el Señor equipa a cada creyente con dones espirituales. Es responsabilidad de los líderes de la iglesia ayudar a los creyentes a descubrir sus dones espirituales e identificar formas de utilizarlos en el servicio en la iglesia local (Romanos 12:1-8, 1 Corintios 12:1-31).

Esta lección desafiará a los líderes de la iglesia a cumplir su responsabilidad de equipar a los santos (Efesios 4:11-13). Es posible que se necesite tiempo para que los creyentes pongan a prueba sus dones en varios ministerios, pero debe haber una clara comprensión de cómo el Padre los ha formado para el servicio. El repaso de los dones espirituales mencionados en la Escritura puede ayudar a identificar formas constructivas de confirmarlos y ponerlos en práctica en el servicio que se presta en la iglesia local.

Estos tres primeros llamados son importantes para cada creyente. El estudio en comunidad puede ser beneficioso para cualquier creyente nuevo (para cualquiera que tenga el deseo de aprender más sobre cómo puede seguir al Señor en obediencia y fe).

La cuarta área del llamado (el llamado a las misiones transculturales) explora un llamado más específico que el Señor puede haber puesto en la vida de una persona. Puede ser compartir el evangelio con otro grupo lingüístico, étnico o de otra perspectiva cultural. Quizá suponga salir de un lugar familiar y acogedor, e introducirse en un mundo diferente y poco confortable.

Este llamado no significa necesariamente mudarse a otro país, o incluso lejos del hogar. De hecho, casi siempre puede responderse en la propia comunidad, sobre todo en los grandes centros urbanos. Sorprendentemente, pocas iglesias locales han entendido o reconocido esta oportunidad para el ministerio, aunque haya una gran diversidad de pueblos viviendo cerca de sus propias comunidades. Alguien debe llevarles el evangelio para que puedan escucharlo y entenderlo. La historia del pastor de la iglesia que descubrió una sala de lectura y una comunidad musulmana cerca de su propia iglesia ilustra este tipo de ministerio transcultural. La oportunidad para el ministerio transcultural estaba esencialmente en la puerta de al lado.

La quinta área del llamado estudiada es el llamado a dejar el hogar y las cosas familiares para mudarse a un lugar que necesite un testimonio evangélico (Romanos 10:13-15). Efesios 4:11 especifica que el Espíritu Santo llama a algunos a servir como "apóstoles" o "enviados". Cumplir con este llamado exige que estas personas dejen su hogar y lleven el evangelio a las etnias y los lugares no alcanzados. Con las miles de etnias no alcanzadas que quedan, la gran comisión no puede cumplirse sin que muchos creyentes acepten el llamado del Señor a mudarse solos o con sus familias a otro lugar, aprender el idioma y la cultura local, y establecerse entre las personas no alcanzadas con el fin de dar un testimonio de consagración por la causa del evangelio.

La sexta área del llamado es la confirmación por parte de la iglesia local (Romanos 10:11-15, Hechos 13:1-3). La vida cristiana está diseñada para vivirse en comunidad. Es en esa comunidad que deben tomarse las decisiones más importantes. El estudio de estas lecciones en comunidad permitirá que el candidato a misionero y otros miembros de la iglesia procesen juntos dichas decisiones. Por lo tanto, al igual que la iglesia de Antioquía, es importante que la iglesia local asuma seriamente esta responsabilidad. Aunque Pablo y Bernabé tenían un llamado específico del Espíritu Santo, la iglesia oró y ayunó, además de imponerles las manos y orar por ellos, antes de enviarlos. Así como la iglesia de Antioquía se tomó en serio la responsabilidad de enviar misioneros, la iglesia de hoy también debe hacerlo para llevar a cabo lo dispuesto en Romanos 10:13-15.

El séptimo llamado es delicado en muchos aspectos; sin embargo, se debe abordar en el caso de que un matrimonio esté considerando el servicio misionero. El marido y la mujer deben ponerse de acuerdo en cuanto a cómo deben responder a su llamado al considerar la posibilidad de mudarse a un nuevo lugar por la causa del evangelio (Efesios 5:21-33). Cada uno puede tener funciones diferentes en el campo misionero, en función de sus dones y las oportunidades, pero deben estar de acuerdo con lo que el Señor tiene para ellos como pareja y entender que están en esta empresa juntos, como familia. Aunque no siempre es el caso en algunos círculos de envío misionero, la IMB designa misioneros a ambos. Las familias cristianas pueden tener un gran impacto en las culturas locales, ya que son un modelo de la diferencia entre una familia cristiana y las demás. Además, en muchas culturas solo se considera apropiado que las mujeres compartan el evangelio con mujeres y los hombres con hombres. Por lo tanto, tomando en cuenta los dones y las necesidades de la familia, tanto el marido como la mujer deben sentir el llamado del Señor a servir y prepararse como trabajadores transculturales. En nuestra experiencia como asesores de candidatos a misioneros, hemos constatado que el testimonio evangélico suele verse afectado cuando el marido y la mujer no están de acuerdo, con lo cual pocas veces se mantiene la presencia en el campo misionero.

El llamado de Dios debe ser evidente en la vida de cada creyente, pero eso no significa que todos los creyentes estén llamados a dejar a su familia y su hogar para ser misioneros transculturales. Por lo tanto, el llamado a servir como misionero transcultural debe evaluarse cuidadosamente mediante el análisis en comunidad de estas siete áreas, reconociendo la etapa de vida y otros factores que puedan influir en el lugar en el que el Señor quiera que los creyentes sirvan.

El mandato de las misiones transculturales. Este estudio bíblico se centra en Hechos 10 y examina el modo en que el Señor comenzó a sacar a los discípulos judíos de su enfoque etnocéntrico del ministerio y les mostró el enorme mundo de los gentiles que necesitaba del evangelio. Esta experiencia sirvió para demostrar al apóstol Pedro que el plan de Dios en verdad se refería —como se dice en la versión de la gran comisión presentada en Mateo 28:19-20— a todos los pueblos. Pedro necesitaba esta visión para acabar de entender que Dios incluyó a todos los gentiles en su plan redentor, incluso a quienes formaban parte del gobierno romano de ocupación.

El estudio bíblico supone un desafío para el participante en lo concerniente a sus propios prejuicios y a su disposición a abandonar la comodidad de su propia cultura para adentrarse en otra que podría resultarle extraña y posiblemente poco agradable. El estudio confirmará su llamado a avanzar en esa dirección o planteará inquietudes o asuntos que deberán abordarse antes de que se decida a servir como misionero.

El carácter del misionero. El tercer estudio bíblico de la serie hace un análisis de Romanos 12 y Filipenses 2:1-5. El estudio resume y contrasta los rasgos positivos y negativos del carácter, y establece una relación entre los dones espirituales y el servicio a los demás en la iglesia. Reconocemos que no hay ninguna especificación en tales pasajes sobre los requisitos para ser misionero. La clave es entender que un misionero debe tener un carácter excepcional, que refleje las características de Cristo. Este es el estándar que impuso el Señor a sus seguidores, como lo indican muchas partes de las Escrituras. El estudio bíblico servirá para hacer una evaluación personal e identificar áreas de posible crecimiento.

La vida del misionero. A veces la gente ve la vida del misionero como una aventura en la que todo sale según lo previsto. Por el contrario, seguir a Jesucristo, sobre todo siendo misionero transcultural, puede conducir a experiencias desafiantes e imprevistas. En Mateo 8:18-27, Jesús invitó a la gente a seguirlo. Muchos estaban dispuestos a hacerlo, pero el diálogo entre Jesús y ellos puso a prueba su compromiso y motivación. Hoy debemos hacernos las mismas preguntas.

Este estudio bíblico explora tres áreas que coinciden con la vida misionera en formas que a veces sorprenden a los nuevos misioneros cuando aprenden a vivir en el campo misionero. La primera área es la pérdida de las cosas con las que se está familiarizado. Jesús desafió al escriba que quería seguirle en Mateo 8:18-20, diciéndole que la vida no solo sería distinta, sino que sería mucho menos cómoda que la vida a la que estaba acostumbrado. Las condiciones de vida, la alimentación, el transporte e incluso aspectos sutiles de la vida misionera como servicios sanitarios, tráfico y ruido (que aparentemente son aspectos insignificantes) pueden convertirse en grandes molestias cuando las presiones del estrés transcultural se hacen notar.

Los siguientes dos versículos reflejan la segunda área de impacto: las posibles consecuencias sobre la familia y sus relaciones (Mateo 8:21-22). En el mundo actual, los medios de comunicación electrónicos permiten a las familias mantenerse en contacto, aunque estén separadas por miles de kilómetros. Sin embargo, los desafíos para las relaciones familiares pueden ser mucho más complicados. Los misioneros, debido a la lejanía de sus lugares de servicio, suelen perderse acontecimientos familiares importantes, tales como bodas, nacimientos y funerales. Durante las crisis familiares pueden haber resentimientos contra el misionero por el hecho de no estar presente en el mismo país para ayudar a sus parientes a sobrellevar la carga. Además, los hijos de los misioneros suelen apegarse más a la cultura en la que crecen que a la del hogar de sus padres. Esta circunstancia puede hacer que se muestren distantes con los abuelos, tíos y tías.

Sin embargo, no tiene por qué ser así. Los misioneros pueden aprovechar las oportunidades para mantenerse en contacto con la familia de forma tangible (por ejemplo, recordando los cumpleaños y las vacaciones, y pasando tiempo de calidad con ella cuando tienen la oportunidad de volver a casa). Un misionero compartió que su madre tenía una mejor relación con su hijo que con otros nietos. La razón es que, cuando podían reunirse, pasaban mucho tiempo juntos por lo que crearon un fuerte vínculo. El niño y la abuela se escribían con frecuencia, intercambiaban fotos e historias, y compartían mutuamente experiencias, aunque la mayor parte del tiempo estuvieran separados por miles de kilómetros.

En el caso de las familias de los misioneros, las relaciones con otros familiares pueden cambiar y quizá volverse tensas, sobre todo con quienes no entienden el llamado a las misiones o no consideran importante el mandato misionero. Estos inconvenientes son inevitables, pero el misionero y su familia espiritual —la iglesia— pueden estar al tanto y tomar medidas para sacar provecho de la situación. No obstante, lo más importante es que se puede animar a los parientes a hacer suya la gran comisión y a asumir el papel de "enviadores de misioneros", siendo los misioneros los "enviados". En el capítulo titulado "Planificando las misiones transculturales" (paso cinco), animamos a los participantes a que hagan una lista de lo que se necesita para ser buenos enviadores de misioneros y a que elaboren planes de acción para empezar a asumir esa responsabilidad.

Por último, el presente estudio bíblico ayuda a comprender la tercera área de mayor impacto para los misioneros: cómo hacer frente a los desafíos que parezcan insuperables. La tormenta a la que se enfrentaron los discípulos puede simbolizar muchos de los problemas a los que se enfrentan los misioneros en el campo: problemas abrumadores sin respuestas simples. Mateo 8:23-27 no solo nos recuerda cómo los discípulos se maravillaron del poder de Jesús para controlar los elementos naturales, sino que también nos muestra a quién servimos y nos brinda un punto de referencia que nos permite tener esperanza. El Señor a quien servimos es el creador del universo, por lo que descansar en sus manos es el mejor refugio en medio de la tormenta. Este pasaje nos da esperanza para perseverar en los momentos difíciles, aun cuando la solución no esté a la vista.

El estudio bíblico "La vida del misionero" puede ayudarnos a profundizar en estos asuntos tan significativos, pero también brindarnos una referencia que nos permita tener esperanza, como se expresa en Mateo 8:23-27. El Señor a quien servimos es el creador del universo, por lo que descansar en sus manos es el mejor refugio en medio de la tormenta. Este pasaje nos da esperanza para perseverar en los momentos difíciles.

El trabajo del misionero. Este último estudio bíblico, basado en Hechos 18 y 2 Timoteo 2:1-3, nos ayuda a examinar la tarea misionera en el contexto de la iglesia del primer siglo, cuando Pablo y su grupo de misioneros llevaron el evangelio a gran parte del mundo conocido de la época. Pablo procuró multiplicar sus esfuerzos a medida que capacitaba a otros. El pasaje también brinda la oportunidad de discutir el papel del misionero y contrastarlo con el de un pastor. Hay muchas habilidades que tienen un cierto paralelismo; sin embargo, el misionero debe tener en mente la tarea misionera en su conjunto con la visión de alcanzar deliberadamente la salida hacia la colaboración.

Cualquier congregación puede levantar misioneros si se lo propone. En esencia, la iglesia convierte a los creyentes en discípulos para que entiendan y acepten plenamente su llamado. Llevar a cabo este proceso en comunidad es una parte importante del proceso de discipulado. Como veremos en el capítulo "Selección y capacitación de misioneros transculturales" (paso seis), el objetivo es ayudar a todos los creyentes a estar en el lugar y en el momento precisos, utilizando los dones que el Señor les ha dado. En algunos casos, supondrá servir como misionero transcultural y mudarse con su familia a un lugar diferente para cumplir con ese llamado. En la mayoría de los casos, significará dedicarse a un trabajo cerca de casa, ya sea en un ministerio o en un trabajo secular, y vivir para ser sal y luz en un mundo perdido (Mateo 5). El momento en que un cristiano descubre ese lugar de servicio —independientemente de dónde se encuentre— es motivo de celebración para todos.

PASO CINCO

Planificando las misiones transculturales

LA IGLESIA HA CRECIDO mucho en los últimos años en la nación insular de Madagascar, un país con casi 27 millones de habitantes. La plantación de iglesias en la populosa parte sur de la isla se había acelerado y, como resultado de esta expansión de diez años, los creyentes locales estaban sintiendo el llamado de Dios y la responsabilidad de compartir el evangelio con quienes nunca lo habían escuchado. Les preocupaba especialmente las etnias no alcanzadas que vivían en zonas aisladas del norte de la isla, separadas del sur por la escarpada cordillera de Tsaratanana. Más allá de estas montañas había poca infraestructura para promover el desarrollo, el transporte y la comunicación.

LOS OCHO PASOS PARA LA CONTINUIDAD DE LA MISIÓN

Un grupo de líderes de la Convención Bautista de Madagascar comenzó a orar y a analizar cómo podrían guiar a sus iglesias y a la convención para dar cumplimiento a ese llamado. A través de la relación que mantenían con los misioneros de la IMB que trabajaban en Madagascar, se pusieron en contacto con nosotros, el equipo de globalización de la IMB, para que fuéramos a la isla y les ayudáramos a buscar formas de convertirse en enviadores eficaces, con la esperanza de enviar a sus propios misioneros malgaches a esta zona no alcanzada.

Poco después de llegar a esta isla del océano Índico, nos subimos a un monomotor Cessna de la Missionary Aviation Fellowship para inspeccionar la parte norte de la isla y evaluar la situación del cristianismo y de la iglesia allí. Dos misioneros de la IMB y tres colaboradores de la convención malgache nos acompañaron en el vuelo a lugares que consideraban representativos del norte. A causa de las lluvias recientes, las carreteras estaban intransitables, pero el avión nos permitió llegar a esos lugares. Al acercarnos a las pistas de tierra de la zona norte, el piloto de la MAF dio vueltas para avisarles a los granjeros locales que nos preparábamos para aterrizar. Entonces retiraron su ganado de las pistas para que pudiéramos aterrizar en nuestra segunda maniobra. En cada lugar — zones comerciales y asentamientos con mayor población — visitamos primero las estaciones de policía para informarles de nuestra presencia. Los extranjeros no suelen visitar estas ciudades.

Estas zonas no solo estaban en mala situación económica, sino que quedó claro que el crecimiento de la iglesia en la parte sur de la isla no había influido en estas remotas localidades del norte. En cambio, encontramos evidencias de animismo, culto a los ancestros y el lastre del miedo a los espíritus y demonios. En las casas y en los árboles, los habitantes habían colocado amuletos y pequeños objetos protectores con la finalidad de aplacar a los espíritus malignos. Los pocos cristianos que encontramos nos hablaron de las prácticas de animismo y reconocieron la necesidad espiritual de la gente. Incluso un funcionario local no cristiano compartió que el pueblo necesitaba que los misioneros cristianos influyeran positivamente en el desarrollo de la sociedad. Pero lo más importante es que los pocos creyentes que encontramos podrían servir como base para plantar futuras iglesias. No obstante, estos mismos creyentes, expresaron la necesidad de líderes que les ayudaran a crecer en el Señor y a entender cómo formar parte de una nueva plantación de iglesias.

La semana posterior a la visita, 300 delegados de la convención anual de los bautistas malgaches escucharon las conclusiones del viaje de estudio. Durante dicha reunión, los miembros de la convención aprobaron por abrumadora mayoría la designación de un comité de diez hombres que estudiara la mejor manera de poner en marcha esta empresa misionera.

Unos meses más tarde, la convención nos invitó de nuevo a dirigir una asesoría de los *ocho pasos* para ayudarles a llevar a cabo su visión. Durante la asesoría, exploramos cada uno de los *ocho pasos* con el comité de misiones de la convención, un grupo representativo de líderes de la convención y sus cónyuges, y tres familias misioneras de la IMB apostadas en Madagascar. Durante una discusión sincera y fluida, surgieron desafíos en relación con cada uno de los pasos, pero el grupo decidió seguir buscando la guía del Señor para avanzar. El enfoque del grupo volvió a la pregunta original: "¿Cuál es el corazón de Dios para la gente de Madagascar, especialmente la del norte?".

Mientras buscaba la respuesta, el grupo se concentró en el tiempo de oración y leyó pasajes bíblicos relacionados. Hablaron de la diversidad lingüística y cultural de los malgaches del norte, quienes vivían en comunidades con poco o ningún acceso al evangelio. Luego, en un gran trozo de papel de carnicero pegado a la pared, dibujaron un mapa de la isla e incluyeron las iglesias evangélicas conocidas. El mapa mostraba muy pocas iglesias en la mitad norteña de la isla. Esta falta de testimonio evangélico llevó al grupo a arrodillarse para orar y pedir la guía y dirección del Señor.

Después de este tiempo de oración, de lectura de la Palabra de Dios y de reflexión, el grupo decidió continuar con la creación de un plan con pasos específicos. Seleccionaron un pequeño grupo de trabajo y determinaron las acciones iniciales, como la elaboración de recursos para la oración y su distribución entre las iglesias. Estos recursos ponían de manifiesto la perdición existente en el norte y presentaban peticiones específicas por las que las iglesias debían empezar a orar. Esta información incluía las estadísticas demográficas por región, las falsas religiones que seguían los malgaches no alcanzados y el limitado acceso a la región y al evangelio. Los recursos para la oración también destacaron la necesidad de que el Señor llamara "obreros a su mies", tal como dispuso Jesús en Mateo 9:37-38.

Se le pidió al grupo de trabajo que investigara qué oportunidades laborales ofrecía el gobierno que pudieran proveer de ingresos a los misioneros malgaches enviados por las iglesias a esta zona desatendida de la isla. También planificaron otros viajes de estudio. Cuando el grupo salió de la sala, estaba convencido de que el Señor proveería lo necesario para llevar a cabo el llamado de enviar misioneros a esta parte abandonada de la isla de Madagascar.

Hebreos 11:6 dice: "Sin fe es imposible agradar a Dios...". El consenso abrumador del grupo de Madagascar fue que era necesario dar un paso de fe para seguir la guía del Espíritu Santo, confiando en que el Señor proveería. Por lo tanto, establecieron algunos pasos de acción sencillos, pero cuantificables, para empezar:

1. Seleccionaron un pequeño grupo para llevar a cabo el plan.
2. Comenzaron a distribuir información sobre la oración en las iglesias.
3. Formaron un grupo de trabajo para explorar las oportunidades de empleo para misioneros potenciales en la parte norte de la isla.
4. Exploraron las oportunidades de realizar más viajes de estudio a fin de visitar segmentos remotos y no alcanzados de la isla.

YENDO HACIA ADELANTE

El tamaño de la iglesia o las limitaciones económicas pueden hacer que muchas iglesias y pastores se sientan limitados en cuanto a la posibilidad de participar en las misiones. Sin embargo, incluso una iglesia pequeña puede hacer una contribución significativa a la empresa misionera. Cada iglesia debe hacer lo que pueda y lo que el Señor ponga en el corazón de sus miembros. Si las misiones son el centro de la visión de una iglesia, el Señor proveerá la dirección y los recursos. Sin embargo, para ver progresos, la iglesia debe tener un plan con acciones visibles que inviten y animen a la plena participación de la congregación, ya sea que los miembros estén del lado de los "envíadores" o de los "enviados". Es necesario un plan integral para que la iglesia envíe misioneros y mantenga una presencia misionera. Las iglesias de Madagascar tenían poca experiencia misionera. Sin embargo, echaron mano de la ayuda de los misioneros de la IMB apostados en su país, de la asesoría de los *ocho pasos* del equipo de globalización de la IMB, del estudio de las Escrituras y de la oración para avanzar deliberadamente a medida que adoptaban la visión misionera que el Espíritu Santo había puesto en sus corazones. Cabe destacar que la iniciativa malgache no surgió de "gente externa", aunque los misioneros de la IMB y el equipo de asesores hicieron contribuciones y brindaron consejos. La Convención Bautista de Madagascar creó su propio plan después de buscar la dirección del Señor y estudiar la Palabra. Además, examinó el contenido de *"Los ocho pasos para la continuidad de la misión".* Para este grupo fue especialmente importante comprender el alcance de la tarea misionera y "las seis preguntas fundamentales" para la movilización de la Iglesia que se encuentran en el paso dos (véanse las páginas 26-31).

INICIO DEL PROCESO

Recomendamos que una iglesia comience el proceso de envío misionero con cinco acciones fundamentales. Algunos de estas ya se mencionaron en capítulos anteriores. Por ejemplo, cómo convertirse en una iglesia sana en la que todos los miembros utilicen sus dones espirituales para servir en la iglesia. Además, la iglesia debe identificar formas de tomar conciencia sobre todos los niveles del ministerio, desde el ministerio local en la comunidad hasta las misiones transculturales que trascienden las fronteras e incluso llegan a países extranjeros. También recomendamos que un pequeño grupo o comité haga un análisis del alcance de los detalles relacionados con volverse una iglesia de envío misionero que involucre a toda la congregación en el esfuerzo y que respete la privacidad de las personas o las parejas que puedan estar considerando la posibilidad de servir como misioneros. Por último, la iglesia debe determinar las medidas necesarias para poner en marcha el proceso. Entre las cuales se encuentran la recaudación de fondos, la creación de alianzas y el análisis de las repercusiones del apoyo a los misioneros, tanto financiera como espiritualmente, a largo plazo.

CÓMO CONVERTIRSE EN UNA IGLESIA DE ENVÍO MISIONERO

Los fundamentos para convertirse en una iglesia de envío misionero son:

1. Equipar a todos los miembros para que sirvan en la iglesia utilizando sus dones espirituales (Efesios 4:11-12). Involucrar a los miembros en el servicio a la iglesia es el primer paso para identificar a los misioneros potenciales.
2. Preparar a la iglesia mediante la conversión activa en una iglesia como la de Hechos 1:8. Para lograrlo, se debe empezar con el reconocimiento del estado de perdición del entorno de la iglesia: su "Jerusalén". Se pasa al ministerio transcultural local (como ocurrió con "Samaria", una zona cercana pero culturalmente diferente para los judíos tradicionales). "Judea" significa llegar a una zona, un estado o una provincia más amplios, y a personas con antecedentes culturales similares o diferentes. Y, finalmente, "hasta los confines de la tierra".
3. Formar un grupo de toma de decisiones que adquiera un conocimiento profundo de las misiones. Este trabajará con la iglesia para elaborar un plan de acción que incluya todos los aspectos del envío misionero a medida que el Señor provea la oportunidad.
4. Involucrar a toda la iglesia en la ejecución del plan, desde los niños más pequeños hasta los adultos mayores.
5. Elaborar un plan de participación en las misiones que incluya estos elementos:
    - Orar por un grupo étnico no alcanzado en la comunidad y en otras partes del mundo.
    - Proveer oportunidades para el ministerio transcultural, a nivel local y en el exterior, en la medida de lo posible.
    - Elaborar un plan para recaudar fondos para las misiones.

- Aprovechar la experiencia y los conocimientos de una agencia o un comité de envío misionero de la convención cuando sea posible, especialmente en lo que respecta al fomento de la oración.
- Trabajar estrechamente con una agencia de envío misionero que pueda aportar su experiencia en la evaluación de los misioneros. Dar autoridad a un equipo de revisión para que evalúe la preparación de los candidatos a misioneros. Este grupo mantendrá la confidencialidad de los candidatos a misioneros, pero se asegurará de que se haya realizado una evaluación exhaustiva en beneficio no solo de la iglesia, sino también de los candidatos y del campo.
- Si una iglesia se prepara para enviar misioneros a largo plazo, debe elaborar un plan para apoyarlos y animarlos de manera continua mientras estén sirviendo. Este plan puede incluir comunicación periódica con los representantes de las iglesias, visitas ocasionales y viajes misioneros cooperativos. También puede contemplar la posibilidad de animar y ayudar a parientes fuera del núcleo familiar inmediato, como padres ancianos, que no se muden con ellos al campo misionero.

En Madagascar, la elaboración de un plan que involucrara a todas las iglesias de la convención en las misiones transculturales se produjo con relativa rapidez. Solo pasó un año desde el viaje inicial de investigación hasta la aprobación de la convención y el inicio de los planes de acción del grupo de trabajo. En parte, esto se debió a que los misioneros y los pastores locales estuvieron orando con este fin; antes de que se iniciara el proceso real, la visión empezó a tomar forma en sus corazones y mentes. Muchos de los representantes de las iglesias de la convención estaban a favor y esperaban el momento adecuado para proceder. El hecho de que el campo misionero estuviera en el mismo país simplificó parte de la logística.

PUESTA EN MARCHA DE UN PLAN DE ENVÍO MISIONERO

La Convención Bautista de Cuba Oriental, en cambio, tardó unos tres años en elaborar un plan de envío misionero eficaz. Al principio del proceso, los líderes de la convención sabían que era el momento de empezar a planificar seriamente el envío de sus propios misioneros a las naciones. Ya habían intentado enviar misioneros en años anteriores, pero esos intentos se habían enfrentado a obstáculos insuperables de coordinación, financiación y restricciones de viaje.

Con una relación con la IMB ya establecida, el presidente de la convención nos invitó a Cuba, como equipo de globalización de la IMB, para ayudar en la elaboración de una estrategia de reclutamiento y envío de misioneros cubanos a las naciones que estuvieran patrocinados por la convención. Todos los líderes de la convención asistieron a la primera reunión. En esa reunión, los líderes compartieron su visión de lo que sentían que Dios quería que hicieran: primero enviar misioneros para plantar iglesias entre las etnias no alcanzadas de cultura similar y de habla hispana, y luego abarcar otros idiomas y grupos étnicos.

El presidente de la convención de iglesias sentía la pasión de ver el evangelio brotar desde Cuba hacia las naciones; sin embargo, sabía que ni él ni este grupo de líderes eran quienes debían hacer los planes o tomar las decisiones correspondientes a esta iniciativa. Los líderes de la convención reconocieron la importancia de que sean las personas adecuadas las que tomen las decisiones sobre cómo enviar a los misioneros y, sobre todo, a quiénes enviar. Para ello sería necesario que un pequeño grupo de personas se concentrara en las tareas específicas relacionadas con la selección y el envío de misioneros cualificados. Los líderes de la convención oraron y discutieron sobre la manera de proceder, reconociendo que debían abordar muchos desafíos para poder ver finalmente a los misioneros cubanos desplegados con éxito en el campo misionero.

Como la convención ya contaba con una red de directores de misiones, el presidente de la convención encargó al director nacional de misiones que reclutara y organizara un equipo de selección de misioneros internacionales. Para formar parte del nuevo equipo, cada miembro debía demostrar su pasión por las misiones, pero también debía tener cierta experiencia con la que pudiera complementar el conjunto de habilidades del grupo. El equipo incluía a los directores de misiones que representaban a las iglesias de cada región geográfica. También era necesario contar con una serie de especialistas; por ejemplo, un teólogo que ayudara a evaluar y desarrollar el nivel teológico de los candidatos a misioneros, y un médico y un psicólogo cristianos que se encargaran de determinar su bienestar físico y emocional. Un profesor del Seminario Bautista Teológico de Cuba Oriental asumió el papel de teólogo del equipo. Además, a un profesor de Español del mismo seminario se le encomendó la elaboración de las solicitudes para ser misionero. El director de misiones nacionales también se encargó de reclutar a una secretaria, con dotes administrativas y organizativas, para que gestionara las solicitudes de los misioneros potenciales.

Una vez identificados los miembros, el grupo debía practicar la tramitación de los solicitantes. Como equipo asesor, mantuvimos reuniones posteriores con ellos para ayudarles a organizar sus formularios de solicitud. También les ayudamos a poner en práctica aptitudes como la revisión de solicitudes, la realización de entrevistas y la evaluación de oportunidades laborales. El grupo definió sus propios procesos de toma de decisiones con respecto a los aspirantes a misioneros, respetando al mismo tiempo la confidencialidad de la información de estos.

Como ya se ha mencionado, este proceso tomó mucho tiempo (aproximadamente tres años, antes de que los líderes de la convención lo definieran, lo ensayaran y lo pusieran en práctica). La Convención Bautista de Cuba Oriental formuló un proceso que no solo abordaba todos los asuntos fundamentales relacionados con el envío de misioneros transculturales, sino que también era exclusivamente cubano, tanto en lo estructural como en lo cultural. Este es el propósito del proceso de los *ocho pasos*. Con los principios establecidos, las iglesias y las agencias enviadoras pueden hacer planes contextualizados con el fin de establecer eficazmente el envío de misioneros desde iglesias de cualquier entorno cultural.

CONSIDERACIONES PRÁCTICAS

A MEDIDA QUE UNA IGLESIA AVANZA con intencionalidad, hay áreas de consideración que repercuten en el destino al que envía a los misioneros. Estas podrían incluir la experiencia del futuro misionero en diferentes componentes de la tarea misionera, los idiomas necesarios para comunicarse eficazmente y las aptitudes requeridas para un trabajo específico. En otros casos, puede haber problemas prácticos para determinar cómo hacer las cosas teniendo en cuenta las limitaciones de comunicación, transporte, necesidades de los niños y acceso. Si es necesario, se pueden concertar alianzas con agencias consolidadas o con otros equipos misioneros que ya estén en el terreno para ayudar en las zonas en las que la infraestructura (incluida la ayuda logística para encontrar alojamiento y transporte) no esté disponible o no sea factible desarrollarla.

La recaudación de fondos es siempre una preocupación en el ámbito de los esfuerzos misioneros. Las iglesias y las agencias pueden adoptar métodos de recaudación de fondos que incluyan varias vías de financiación, tales como el apoyo directo, la financiación de proyectos, las ofrendas cooperativas y los negocios dedicados a la misión. Es posible que una sola fuente de financiación no sea suficiente, y que las iglesias o las redes deban recurrir a una combinación de fuentes de recaudación. En cualquier caso, la razón para recaudar fondos para las misiones debe comunicarse a la iglesia junto con la necesidad de apoyar a las familias misioneras que dejan sus hogares para compartir el evangelio en otro lugar. Asimismo, es necesario proporcionarles los recursos financieros necesarios para llevar a cabo la tarea misionera.

En cuanto a la recaudación de fondos, debe haber un cierto grado de supervisión en cuanto al uso de los fondos en el campo misionero. Es necesario establecer procesos de rendición de cuentas para presentar informes adecuados a los donantes. Vale la pena investigar las implicaciones de las misiones para abordar cuestiones clave como su sostenibilidad, capacidad de reproducción y dependencia. Las iglesias también deben lidiar con el desafío de hacer un trabajo que se multiplique, lo cual se relaciona con la disciplina de la mayordomía en la iglesia local.

Paso cinco: Planificando las misiones transculturales

Una responsabilidad que a menudo se les escapa a las nuevas entidades de envío misionero es la necesidad de cuidar de los misioneros. Las familias de los misioneros se enfrentan a desafíos en el campo y necesitan apoyo continuo y oración, así como atención pastoral y, en ocasiones, incluso cuidado emocional clínico. La creación de alianzas apropiadas puede ayudar en esta área, especialmente si una iglesia o agencia carece de recursos o experiencia. Sin embargo, incluso una iglesia pequeña puede mantener el contacto con sus misioneros, ofreciéndoles oraciones frecuentes, animándolos y recordándolos en momentos especiales del año, como cumpleaños y días festivos, o en momentos de dolor o pérdida. Es importante que toda la iglesia, como se vio en el capítulo titulado "La movilización de la iglesia" (paso dos), considere cuidadosamente las necesidades de apoyo de los misioneros y participe en la prestación de servicios a estas familias. El plan de atención a los misioneros no es estándar en todos los casos, sino que depende del acceso, los recursos y la experiencia de cada colaborador. Esta es un área en la que una buena comunicación por parte de la iglesia enviadora puede servirles a los misioneros, especialmente a los ubicados en lugares remotos y difíciles. Cuando las alianzas con iglesias, redes y organizaciones de envío misionero funcionan bien, los misioneros se benefician en gran medida, ya que sus necesidades se satisfacen de forma eficaz y eficiente.

Como ya mencionamos, Hebreos 11:6 dice: "Y sin fe es imposible agradar a Dios. Porque es necesario que el que se acerca a Dios crea que Él existe, y que recompensa a los que lo buscan". El envío misionero no es la excepción. No podemos esperar a tener todos los recursos necesarios para empezar. A menudo Dios provee los recursos al dar un paso de fe. Las iglesias de Madagascar y Cuba son grandes ejemplos. Aún tienen enormes dificultades y necesidades que no se han resuelto a nivel local. Sin embargo, han comenzado el proceso haciendo planes y avanzando a medida que Dios proporciona los recursos. Cuanto más oran y actúan en obediencia a la dirección del Señor, más se allana el camino y se superan las barreras que les impiden llegar a las personas no alcanzadas. Que eso sea un testimonio para todos nosotros al aplicar la verdad que se nos da en Hebreos 11:6.

PASO SEIS

Selección y capacitación de misioneros transculturales

LA MEGAIGLESIA de una próspera ciudad del sudeste asiático tenía problemas. Los miembros y los líderes siempre habían pensado en su iglesia como una "con mentalidad misionera", pero tenían poca visión para enviar misioneros a largo plazo. Los miembros daban dinero gustosamente para apoyar los viajes misioneros de corto plazo y los proyectos humanitarios, pero de alguna manera no habían captado la visión de las misiones a largo plazo: personas o familias que invierten sus vidas entre etnias no alcanzadas, aprendiendo el idioma y la cultura, compartiendo el evangelio y fundando iglesias.

Los líderes invitaron a nuestro equipo a presentar la asesoría de *Los ocho pasos para la continuidad de la misión*. A medida que comenzaron a trabajar con el material, el corazón de Dios para las naciones se les hizo evidente a través de las Escrituras. Un líder confesó: "Solo hemos estado jugando a las misiones. Ahora es el momento de hacerlo en serio". Reconocieron que los dos o tres viajes misioneros anuales de la iglesia no daban una respuesta satisfactoria a la gran comisión que Dios le dio a la Iglesia. Algo tenía que cambiar.

El estudio de la Palabra de Dios ayudó a los líderes de la iglesia a comprender que, a fin de lograr un impacto sostenible en el estado de perdición global del hombre, necesitaban plantearse la posibilidad de tener una presencia a largo plazo en los lugares en los que habían estado trabajando. Hasta ese momento, habían participado con éxito en proyectos humanitarios en países extranjeros por medio de viajes de corta duración. Durante esos viajes, los miembros de la iglesia compartían el evangelio mediante folletos o a través de traductores. Sin embargo, nunca hubo una estrategia para dar seguimiento o plantar una iglesia. Los equipos de corta duración resultaron beneficiosos para transmitirles la visión a los participantes y movilizar a los miembros de la iglesia para que oraran, pero estos viajes no proveyeron una presencia misionera continua entre las personas con las que se comprometieron durante esas breves semanas cada año. Se dieron cuenta de que necesitaban una presencia continua en el campo misionero: misioneros enviados por la iglesia que asentaran sus vidas y plantaran iglesias.

Sin embargo, para que la iglesia envíe misioneros por largo tiempo a fin de tener esta presencia continua, comprendieron que necesitaban identificar a los miembros de la iglesia que Dios podría estar llamando al servicio permanente; comprendieron que la motivación y la experiencia de los viajes misioneros no eran suficientes para identificar a esas personas. Asimismo, reconocieron la necesidad, en el seno de la iglesia, de ser más proactivos a la hora de levantar misioneros. Por lo tanto, la iglesia desarrolló un plan para organizar a los misioneros potenciales en grupos a fin de revisar y discutir los estudios bíblicos de "Levantando misioneros" (paso cuatro).[10] Además, durante la consulta, les presentamos a los líderes los cinco componentes de la selección de misioneros con el fin de ayudarlos a entender cómo enviar a personas adecuadas al lugar adecuado en el momento preciso, como se discutió previamente en el capítulo sobre la tarea misionera. En muchos casos, las iglesias o las agencias identifican a la persona adecuada, pero el candidato o candidata necesita más preparación para cumplir con los requisitos específicos del campo misionero.

Para ayudar a una iglesia u organización a evaluar exhaustivamente a los candidatos a misioneros, hemos agrupado las áreas de la vida de un misionero en cinco componentes. A medida que leas estos componentes, es importante que entiendas que el proceso debe ser minucioso y que el equipo de evaluación, que la iglesia o la agencia ha designado para esta tarea, debe ser digno de confianza y respetar las confidencias.

CINCO COMPONENTES DE LA SELECCIÓN DE MISIONEROS

Componente 1: identidad cristiana y eclesiástica

Evaluar la vida de los candidatos en términos de identidad cristiana y eclesiástica ayuda a determinar quién es la persona adecuada. El equipo de evaluación no solo debe comprender estas facetas de la vida del candidato, sino que este también debe evaluarse a sí mismo y determinar qué aspectos de su vida debe reforzar. Del mismo modo que en la discusión acerca del desarrollo del liderazgo dentro de la tarea misionera, en esta evaluación, nos fijamos en las mismas tres áreas: quiénes deben SER candidatos a misioneros, qué deben SABER y qué deben HACER.

¿Quién puede SER un misionero? Esta faceta tiene que ver con el carácter cristiano del candidato. Un misionero debe ser, en primer lugar, un creyente en Jesús y capaz de expresar claramente su testimonio cristiano. Además, su vida debe ser un testimonio que muestre las características de Cristo. Los demás deben considerarlo una persona de

---

10. Los cinco estudios bíblicos que se han analizado en el capítulo "Levantando misioneros" se encuentran en el anexo.

buena reputación. Además, la iglesia local debe confirmar al candidato para el servicio misionero. Los miembros deben ver evidencias de que tiene relaciones sanas con los demás, tanto dentro como fuera de la iglesia. En última instancia, el futuro misionero debe ser el ejemplo de una persona transformada por el Espíritu Santo y permitir que Dios influya en todos los aspectos de su vida.

¿Qué debe SABER un misionero? Un misionero debe tener una comprensión y un conocimiento profundos de la Biblia. Asimismo, debe saber cómo aplicar los principios bíblicos a la vida cotidiana. También debe tener convicciones firmes en cuanto a la autoridad de la Palabra de Dios. Debe estudiar habitualmente la Palabra de Dios por su cuenta y participar en la enseñanza de la sana doctrina dentro de la iglesia local. Debe tener una clara comprensión bíblica de las doctrinas cristianas, como el bautismo del creyente, la Santa Cena y la doctrina de la Trinidad: Dios Padre, Dios Hijo y Dios Espíritu Santo. Además, debe tener una sólida comprensión de la naturaleza del pecado, el carácter de Dios, la salvación y una eclesiología básica según la enseñanza de la iglesia local. De la misma manera, debe ser confirmado por un organismo cristiano superior, como una organización enviadora.

¿Qué debe SABER un misionero? ¿Qué debe HACER un misionero? ¿Qué aptitudes ministeriales debe tener y qué testimonio visible tiene en la comunidad que pueda reflejar su carácter interno? Las acciones del misionero deben ser compatibles con un inequívoco testimonio cristiano. Debe haber acatado obedientemente el mandato del Señor en cuanto al bautismo de los creyentes. Además, debe participar en la Cena del Señor de manera habitual, tal y como se practique en la iglesia local. Debe ser un modelo de disciplinas cristianas firmes, las cuales deben incluir la oración individual y grupal, el estudio bíblico personal y grupal, y el uso de los dones espirituales en el servicio a través de la iglesia.

Este primer componente asocia la propia identidad cristiana con la identidad en la iglesia local. En conjunto, estos elementos hacen hincapié en que los cristianos no viven aislados, sino en un contexto de apoyo por parte del cuerpo local de creyentes. Por lo tanto, la identidad cristiana del futuro misionero debe ser visible en la iglesia local.

Componente 2: confirmación del llamado misionero

El estudio bíblico "Llamado a las misiones", que se presenta en el paso cuatro, está diseñado para ayudar al candidato a misionero y a la iglesia local a explorar los diversos aspectos del llamado cristiano. Igualmente, ayudará al candidato a precisar los detalles de su llamado, sobre todo si tiene previsto mudarse con su familia a otro país para servir como misionero transcultural. Los candidatos que pasan por este proceso en la comunidad de la iglesia local permiten que el cuerpo de Cristo provea dirección, oración, asesoría y afirmación conforme se aclaran los detalles del llamado. Como dijimos en el capítulo "Levantando misioneros", la iglesia de Antioquía se tomó en serio el envío de Pablo y Bernabé. Los miembros los conocían bien, pues habían estado con ellos durante mucho tiempo. Los dos hombres habían demostrado su fidelidad en la tarea breve de llevar una ofrenda para ayudar a la iglesia de Jerusalén. Aun así, la iglesia oró y ayunó antes de enviarlos a esta misión, tal y como el Espíritu Santo les había indicado.

La evaluación del llamado misionero en el paso seis es un poco diferente al análisis del llamado descrito anteriormente en el paso cuatro. En el paso cuatro, los candidatos deben pasar por siete etapas distintas del llamado para comprender la voluntad del Señor para sus vidas. En este paso, se evalúa si el misionero potencial es la persona que Dios ha llamado para desempeñar un papel específico en el ministerio. Si el candidato tiene dudas con respecto a su llamado, lo animamos a repasar el estudio bíblico "Llamado a las misiones" para avanzar en el proceso.

⮞ Evaluando el llamado misionero

Al evaluar el llamado de un misionero potencial, el evaluador debe centrarse en las cuatro categorías del llamado. El estudio de estas categorías puede ayudar a determinar cómo puede interpretarse el llamado de una persona en función de las circunstancias de su vida en un momento determinado.

1. *Llamado a la salvación:* responder a la manifestación de la gracia del Señor con fe y arrepentimiento.

2. *Llamado a la misión:* esencialmente llamado a ser discípulo de Cristo y hacedor de discípulos.
3. *Llamado en una etapa:* las distintas etapas de la vida nos obligan a servir al Señor en función de las circunstancias de nuestra vida cotidiana, como ser padre o madre, o estar casado o soltero.
4. *Llamado al servicio:* Dios ha dotado a cada creyente con dones para servir al cuerpo local de creyentes: la iglesia local. Estos dones no son todos iguales, pero uno debe conocer sus dones espirituales y utilizarlos en el servicio a la iglesia local.[11]

← *Realidades del llamado*

Conocimos a Mae* en un centro asiático de capacitación de misioneros. Mae llevaba varios años preparándose para las misiones en el extranjero y estaba en la fase final de preparación cuando su padre falleció inesperadamente. Él había sido el responsable principal del cuidado de su madre discapacitada. En la cultura nativa de Mae, es responsabilidad de la familia atender a los miembros que necesiten cuidados especiales. Mae era hija única y el fallecimiento de su padre la dejó destrozada. Además, su muerte hizo que su oportunidad de ser misionera quedara en suspenso, pues ahora tenía la responsabilidad de cuidar a su madre. Dadas estas circunstancias, le resultaba difícil aceptar el llamado que el Señor había puesto en su corazón. El análisis del llamado en una etapa le permitió a Mae tener un punto de vista más claro. Dios aún podría utilizarla como misionera a su debido tiempo, pero ahora su etapa de vida era servir como responsable del cuidado de su madre.

Al analizar el proceso completo del envío misionero, es necesario sopesar los tres aspectos mencionados. En este caso, Mae tenía las aptitudes y la preparación necesarias para llevar a cabo una misión en el extranjero; por tanto, era la persona adecuada. También se había identificado el lugar adecuado, pues sus antecedentes se adecuaban

---

11. "Llamado", *Fundamentos* (Richmond, VA: IMB, 2022).

a las necesidades del campo misionero. Sin embargo, no era el momento adecuado. Por último, Mae descubrió que el Señor utilizaría este tiempo para que fuera testigo del evangelio ante la gente de su comunidad mientras cuidaba de su madre. Aprendió a orar para que el Señor mantuviera el llamado a las misiones en su corazón y le diera paciencia para servir bien en donde estaba.

⇒ Más allá de las etnias y los lugares

En ocasiones, los misioneros sienten un llamado específico hacia un lugar o una etnia. Sin embargo, este llamado puede sufrir una alteración si las guerras, las catástrofes naturales o las restricciones gubernamentales impiden a los misioneros tener acceso a las etnias o a los lugares en los que desean servir. Aunque los llamados específicos pueden ocurrir y ocurren, el análisis debe ir mucho más allá de un simple lugar o etnia. Debe ser una sumisión a la voluntad del Señor, una disposición a recibir su guía, aun cuando el camino cambie debido a circunstancias imprevistas. En el libro ¿A quién enviaremos?,[12] Andy Tuttle escribe que una misión específica puede ser temporal, pero que el llamado a estar "en misión" al lado de Dios es para toda la vida.

En el caso de la evaluación de misioneros potenciales casados, el evaluador debe estar dispuesto a conversar sobre el concepto del llamado tanto con el esposo como con la esposa. El estudio bíblico "Llamado a las misiones" menciona la necesidad de que el marido y la mujer estén de acuerdo con respecto a su llamado. A menudo es posible que no se sientan llamados simultáneamente, sino que uno u otro puede sentir primero el llamado. Es importante que cada uno comparta este llamado con su cónyuge, lo cual debe hacerse con paciencia, a fin de dejar que el Señor trabaje en la vida del otro en su propio tiempo. La clave es que la pareja trabaje en armonía, dejando tiempo para abordar las preguntas y preocupaciones que cualquiera de los dos pudiera tener.

---

12. "Las facetas de un llamado a las misiones" en ¿A quién enviaremos? Entendiendo lo esencial sobre el envío de misioneros ed. Joel Sutton (Richmond, VA: IMB, 2022), 72.

Una de esas parejas era Frank* y Kay*. Frank sintió un fuerte llamado a las misiones transculturales. Kay había percibido el llamado cuando era adolescente y recordaba haber tenido un gran interés en las misiones durante su infancia, cuando participaba en los programas de la iglesia. Sin embargo, con el matrimonio, una carrera activa, un bebé recién nacido y las presiones del día a día en el seno de una familia joven, este llamado se había desvanecido. Kay dudaba en expresar sus preocupaciones, ya que no quería apagar la emoción que sentía Frank, pero no podía compartir su entusiasmo, aunque estaba dispuesta a ser una esposa obediente y acompañarlo.

Conforme iban discutiendo la posibilidad de servir como misioneros en el extranjero, el tema se volvía incómodo y la paciencia de Frank se agotaba. Durante este tiempo, por consejo de su pastor, Frank se apartó y le dio a Kay tiempo para meditar y comprender sus dudas, un proceso que duró cerca de tres años.

Kay llegó a la conclusión de que estaba preocupada por la familia que dejaría en Estados Unidos. También temía que su hijo creciera sin conocer bien a sus abuelos; no quería que no tuviera la relación especial que ella recordaba haber tenido con los suyos durante la infancia. Sin embargo, en esos tres años intermedios, Dios le mostró que podía cuidar a sus parientes aunque viviera en otro país, a miles de kilómetros de distancia. Dios también le dio confianza por medio de los testimonios de otros misioneros, que compartieron sobre la relación estrecha que tenían sus hijos con los abuelos. Además, principalmente, el Espíritu Santo apaciguó su corazón con la promesa de Filipenses 4:19, según la cual Dios supliría todas sus necesidades, incluidas las de sus parientes en Estados Unidos y las de su hijo en el campo misionero.

Mirando en retrospectiva, Frank y Kay se dieron cuenta de que Dios estaba haciendo algo más durante esos tres años. A través de situaciones en el trabajo, Frank aprendió mucho sobre el liderazgo, sobre cómo afrontar la adversidad y sobre cómo superar los conflictos y las relaciones difíciles. Aunque fue una época difícil, esta experiencia y crecimiento le sirvieron cuando se encontró con problemas similares en el campo, pues tenía la experiencia de haber resuelto esos mismos problemas de manera bíblica.

La evaluación del llamado no es una lista de casillas que se deba marcar o un estudio que se deba completar, sino un esfuerzo de búsqueda del Señor para confirmar y aclarar cómo las personas o las parejas deben vivir sus vidas en obediencia al Padre. En la medida en que la iglesia acompañe a los candidatos a misioneros, podrán recorrer juntos este proceso, apoyándose y animándose mutuamente a medida que el Señor vaya aclarando su voluntad con el paso del tiempo.

Componente 3: competencias y cualificaciones de los misioneros

Para determinar cuál es la persona adecuada para el lugar adecuado, debemos tomar en cuenta las competencias y cualificaciones para un determinado trabajo en el campo misionero.

Una *competencia* es la capacidad de tener éxito o ser eficiente en algo. Un ejemplo sería la capacidad de iniciar una conversación para compartir el evangelio con una persona perdida o enseñar a un grupo de pastores la doctrina de la salvación. ¿Son los candidatos competentes en las actividades necesarias para llevar a cabo la tarea misionera, como compartir el evangelio, discipular a los nuevos creyentes y capacitar y equipar a los líderes de la iglesia? Una competencia que puede ser necesario evaluar será la capacidad del candidato para aprender el idioma objetivo.

Una *cualificación* es un logro que hace que una persona sea apta para el trabajo. Por ejemplo, un título médico si el trabajo está relacionado con la asignación de servicios de salud. En la actualidad, muchos países del mundo ya no otorgan visas a los misioneros. El misionero debe tener una habilidad o cualificación para acceder y permanecer en el país. Otra cualificación puede ser un título de seminario que sea necesario para la tarea de campo o para el nombramiento por parte de la iglesia o agencia enviadora. En algunos casos, puede exigirse un título de grado superior, como un doctorado en Lenguas Bíblicas, para enseñar en una institución teológica. Puede haber otras áreas de cualificación que permitan al misionero entrar al país asignado. Puede tratarse de un título universitario, una experiencia profesional verificable u otras cualificaciones que el país pueda estimar lo suficiente como para otorgar una visa.

Componente 4: salud y bienestar de los misioneros

La identidad cristiana y eclesiástica, el llamado misionero y las competencias y cualificaciones son aspectos importantes de la selección y preparación de los misioneros. El objetivo es emparejar a un misionero (la persona adecuada) con una oportunidad de ministerio (el lugar adecuado) en función de las habilidades requeridas y las necesidades del campo misionero. Sin embargo, los misioneros no suelen abandonar el campo porque hayan llegado con competencias o cualificaciones equivocadas para el trabajo o por creencias teológicas erróneas. Estos aspectos de la vida del misionero potencial son fáciles de observar, verificar y evaluar. Lo más frecuente es que los misioneros tengan ministerios poco fructíferos o que deban abandonar el campo por problemas de salud y bienestar. Por lo tanto, es importante examinar a fondo la salud física, espiritual y emocional a fin de realizar una evaluación completa de la preparación del candidato para servir en el extranjero.

En Filipenses 2:25-30, Pablo le escribe a la iglesia de Filipos para decirle que estaba enviando a Epafrodito, un misionero, de vuelta a casa por haber contraído una enfermedad en el campo misionero. Tenía que volver a casa para recobrar la salud y aliviar la carga que su enfermedad representaba para Pablo y los demás. Esta situación describe una enfermedad física que limitó la capacidad del misionero para permanecer en el campo y llevar a cabo su misión. Si la salud física del misionero no se examina cuidadosamente antes de que salga al campo misionero, la iglesia podría estar exponiendo tanto al misionero como al equipo en el campo a circunstancias difíciles.

La evaluación del lugar adecuado para enviar a un misionero puede comportar la investigación de cómo el entorno puede afectar su salud. Los lugares con condiciones extremas pueden afectar a los misioneros de una forma que quizá no hayan experimentado antes. A Rosemary*,

Paso seis: Selección y capacitación de misioneros transculturales

una misionera soltera de EE.UU., la agencia que la patrocinaba la envió con una etnia en lo alto de la cordillera de los Andes de Sudamérica, a 4000 metros sobre el nivel del mar. Nunca había estado en un lugar a una altura tan extrema y, poco después de llegar a la nueva ciudad, sufrió de mal de altura. Aunque esperaba adaptarse con el tiempo, incluso después de vivir en esa altitud durante varios meses, su cuerpo no se aclimató. La salud de Rosemary se deterioró hasta el punto de no poder llevar a cabo su ministerio. Finalmente, la agencia patrocinadora la trasladó a un lugar situado a una altura mucho menor para restablecer su salud. No solo se recuperó, sino que también tuvo éxito en ese entorno de menor altitud y pudo continuar con su ministerio de forma fructífera y fiel.

¿Cómo se podrían haber evitado los meses en los que Rosemary estuvo enferma? Si se sabe que un lugar determinado presenta condiciones extremas, puede ser conveniente que los misioneros hagan una visita antes de hacer un traslado permanente, a fin de comprobar cómo responden sus cuerpos a tales condiciones. Si Rosemary hubiera podido visitar este lugar de gran altitud antes de mudarse allí, podría haber sido consciente de su propensión al mal de altura. Afortunadamente, en su caso, la situación se resolvió antes de que desarrollara secuelas de salud duraderas. Su evaluación misionera dejó claro que Rosemary era la persona adecuada. Su iglesia confirmó su llamado a las misiones transculturales y el momento era el adecuado, pero la ciudad de gran altitud no era el lugar adecuado para que ella sirviera.

Asimismo, las afecciones crónicas pueden requerir medicamentos y cuidados que no estén disponibles en determinados lugares. Los lugares con niveles peligrosos de contaminación atmosférica pueden ser inadecuados para los candidatos que padecen asma agudo. Los candidatos con problemas dorsales pueden correr un alto riesgo de sufrir lesiones permanentes si se les envía a misiones que requieran viajar constantemente por carreteras llenas de baches y obstáculos. Es importante que administremos bien los recursos de Dios para evaluar la salud de cada misionero antes de su traslado, a fin de garantizar que pueda realizar el trabajo que se propone y permanecer en el campo misionero.

Hay condiciones que pueden descalificar a un candidato por el riesgo muy alto que supone para la persona. Además, los costos de los servicios de salud pueden representar una pesada carga para la iglesia y la agencia enviadoras. Algunos ejemplos son personas con diabetes tipo 1, trasplantes de órganos, colitis ulcerosa y antecedentes de tumores y cáncer. En estos casos, los responsables de la selección deben consultar a especialistas médicos para proteger la salud del candidato y administrar bien los recursos financieros.

La salud física puede evaluarse con chequeos y pruebas médicos. La salud emocional y psicológica son igualmente importantes en la selección de los misioneros, pero son más difíciles de evaluar. Dios nos creó como criaturas complejas. Cada persona tiene mente, voluntad y emociones, las cuales pueden contaminarse con mentiras. El pecado puede obstaculizar nuestra eficacia. Además, el estrés transcultural puede revelar y empeorar estas enfermedades internas. Por lo tanto, es importante hacer un buen análisis de la salud emocional y psicológica.

Un ejemplo común de un problema de salud emocional es el abuso sexual sufrido en el pasado y no resuelto. Por ejemplo, ¿cómo puede afectar a una mujer que sufrió abuso sexual cuando era niña el hecho de que la envíen a trabajar a una cultura en la que se abusa abierta o frecuentemente de las mujeres? Otros ejemplos de enfermedades internas son: depresión, ansiedad, trastornos alimenticios y traumas pasados o actuales. Algunos problemas asociados a hábitos pueden ser consecuencia de patrones de vida pecaminosos, como alcoholismo, consumo de drogas, consumo de pornografía y conducta sexual inapropiada. Estas experiencias no descalifican necesariamente a alguien para servir, pero el equipo de evaluación debe asegurarse de que estos problemas hayan sido reconocidos y resueltos antes de enviar al misionero a una situación de alto estrés transcultural. La resolución implica que los candidatos confiesen cualquier problema de este tipo, conociendo y comprendiendo su identidad en Cristo, y permitiendo que la gracia de Dios los sane. A menudo, en estos casos, el candidato debe consultar con un consejero cristiano profesional para asegurarse de que se haya producido la resolución. Algunas veces la resolución tarda semanas, meses e incluso años, dependiendo de la gravedad de la enfermedad.

Otras dos áreas relacionadas con el bienestar que se deben evaluar son la salud matrimonial y la identidad de las personas solteras. Una pareja debe ser capaz de confirmar que Cristo es el fundamento de su matrimonio y dar pruebas de una comunicación marital sana. Algunas iglesias y agencias exigen al menos un año de matrimonio antes de enviar a misioneros recién casados al extranjero. Los candidatos deben ser capaces de declarar que satisfacen las necesidades físicas el uno del otro y que están de acuerdo con su llamado a servir como misioneros.

Los solteros deben tener una comprensión sana de la soltería y haber superado cualquier problema pasado como solteros. Deben demostrar que están contentos con su soltería, aunque estén abiertos a la posibilidad de casarse en el tiempo de Dios.

El último aspecto de la selección de una familia está relacionado con los hijos. Si el matrimonio tiene hijos que los acompañarán al campo misionero, una evaluación adecuada debe revelar cualquier problema de desarrollo y educación que pueda afectar al éxito del envío de la familia. Volviendo a la situación de la familia Kramer* del capítulo inicial acerca de la tarea misionera: Christy, la hija de 16 años de los Kramer, tuvo dificultades con el idioma y la vida social tras su llegada al campo. Como no tenía un entorno en el que pudiera hacer amigos, se deprimió y su familia tuvo que volver a Estados Unidos para atender sus necesidades emocionales. Es preciso evaluar minuciosamente a las familias con hijos adolescentes, las cuales tendrán que estar en un lugar en el que los hijos tengan la oportunidad de desenvolverse.

Componente 5: preparación práctica

Por último, debemos considerar varios aspectos prácticos en el proceso de la selección misionera. La primera área que debe considerarse es el apoyo financiero a los misioneros. Hay muchas estrategias para proveer apoyo a los misioneros y una iglesia debe establecer un plan claro antes del envío para asegurarse de que la familia misionera tenga los recursos necesarios cuando esté en el campo misionero. En el capítulo "Planificando las misiones transculturales" (paso cinco) hablamos de la recaudación de fondos y de las precauciones relacionadas con esta. En ese sentido, la falta de planificación, en el caso de los Kramer, hizo que la familia no recibiera suficiente apoyo, lo que aumentó el estrés que ya experimentaban en su adaptación al campo misionero.

Otra consideración práctica a la hora de identificar a la persona adecuada es la capacidad del candidato para aprender un idioma. En el caso de Mike Kramer, en el primer capítulo, una pérdida de audición no diagnosticada afectó su capacidad para aprender un idioma tonal, por lo que su eficacia en el campo disminuyó. Hay otros factores que también pueden influir en el aprendizaje de idiomas: la edad del misionero, el tiempo necesario para alcanzar el nivel de competencia deseado y el costo real del estudio del idioma.

Debemos evaluar las obligaciones familiares en el proceso. ¿Hay responsabilidades que puedan afectar la capacidad del misionero para permanecer en el campo? El estudio bíblico "La vida del misionero", incluido en el anexo, es una buena referencia para ayudar al candidato a comprender el impacto del servicio en las relaciones familiares. ¿Tendrá el candidato la responsabilidad de cuidar a sus padres de edad avanzada en los próximos años? ¿Tienen los candidatos un negocio familiar o son propietarios de una vivienda en su país de origen? ¿Tiene el misionero o su familia alguna deuda que deba pagar antes de salir al campo?

La iglesia o la agencia debe explorar también las cuestiones de ciudadanía y visado. ¿Podrá el misionero obtener la visa para entrar al país deseado? ¿Tiene el candidato las vacunas necesarias para entrar al país? Una situación menos común podría ser la de un misionero potencial con antecedentes penales que lo descalifiquen para entrar en algunos países. Cuando una potencial familia misionera piensa en el lugar adecuado, debe tomar en cuenta las necesidades de sus hijos. ¿Cuáles son las necesidades de desarrollo y educación de los hijos? ¿Qué escuelas hay disponibles? ¿Son asequibles? ¿Pueden los niños recibir una educación adecuada a través de una de las opciones escolares? ¿Permite el país anfitrión la educación en el hogar y, en caso afirmativo, están preparados los padres para educar a sus hijos en casa y al mismo tiempo llevar a cabo su ministerio con eficacia? Incluso es importante que la familia tome en cuenta consideraciones educativas con miras a futuro, como a qué universidades podrían asistir los hijos, de modo que la educación secundaria los prepare adecuadamente para cumplir con los estándares de admisión. No se trata simplemente de decidir a qué universidades podrían asistir, sino que también se debe considerar el idioma de enseñanza que se utilizará y los requisitos de admisión de las posibles opciones.

Cuando hicimos la asesoría de los *ocho pasos* a la megaiglesia del sudeste asiático de la que hablamos al principio de este capítulo, esta reveló un área que los líderes de la iglesia no habían tomado en cuenta: la disposición de los hijos dependientes a mudarse al extranjero. Los líderes de la iglesia comprendieron que debían evaluar la madurez emocional, la salud y el bienestar de los hijos de los misioneros potenciales, y se dieron cuenta también de que debían evaluar las necesidades educativas. Como consecuencia, en un caso concreto de esta iglesia, los padres y los profesores descubrieron que un niño tenía algunos problemas de aprendizaje. Gracias a esta información adicional, los misioneros pudieron retrasar su salida, evaluar a fondo los desafíos y desarrollar e implementar planes de intervención apropiados. Una vez que los padres afrontaron adecuadamente el obstáculo, la familia pudo trasladarse al campo. En este caso, se logró identificar a las personas adecuadas, así como el lugar adecuado. Sin embargo, no era el momento preciso para mantener su presencia misionera. Tiempo después, los líderes de la iglesia reconocieron que la atención a los detalles de la evaluación ayudó a identificar situaciones que podrían haber llevado a la renuncia de la familia después de algunos meses en el campo si no se hubieran abordado de antemano.

En cualquier etapa de la selección misionera pueden surgir diferentes problemas. Por lo tanto, una evaluación exhaustiva no solo sirve a la iglesia y al equipo misionero en el campo, sino que también ayuda a la familia a resolver cualquier problema, a fin de que sean fructíferos y tengan más probabilidades de mantener su presencia en el campo misionero.

DESARROLLANDO UN PROCESO INDIVIDUALIZADO

Para enviar a las personas adecuadas al lugar adecuado y en el momento preciso, es necesario que el proceso de selección de los misioneros se lleve a cabo con tiempo suficiente para analizar los cinco componentes de la preparación de los candidatos a misioneros. No podemos esperar que los candidatos sean perfectos, pero sí debemos verlos crecer en su caminar con el Señor y buscar que Él impacte en cada aspecto de sus vidas. Una buena medida de la madurez espiritual de los candidatos es cómo responden a la rendición de cuentas, al consejo y a la corrección honestos y centrados en Cristo.

Aspectos esenciales del proceso son cómo las iglesias llevarán a cabo las evaluaciones y quién se encargará de reunir los materiales de la solicitud y de realizar las entrevistas. Como parte de la asesoría de los *ocho pasos*, ayudamos a las iglesias y a las agencias a desarrollar un equipo de evaluación y un proceso de solicitud que se ajuste al sistema de toma de decisiones y a la estructura de la iglesia. El proceso puede enfocarse de distintas maneras, pero siempre incluye la recopilación de información pertinente sobre los candidatos, incorpora entrevistas en persona y solicita referencias de personas que conozcan bien a los candidatos. De este modo, la iglesia o la agencia pueden crear perfiles de candidatos que abarquen cada uno de los cinco componentes de la selección de misioneros.

Como se mencionó anteriormente, este proceso debe ser exhaustivo y el equipo de evaluación debe ser digno de confianza y respetar las confidencias. El material electrónico y escrito debe guardarse en un lugar seguro al que solo tengan acceso limitado las personas encargadas de evaluar a los candidatos. Cuando ya no se necesiten, tomando en cuenta los requisitos legales y las políticas de conservación de datos, los materiales deben destruirse para garantizar la confidencialidad y la privacidad de los candidatos. A menudo salen a la luz asuntos privados y delicados en el transcurso del proceso de solicitud, por lo que hay que procurar proteger la información y la confianza que se deposita en el equipo de evaluación. El proceso de selección debe contemplar de manera integral a la persona y, fundamentalmente, a toda la familia.

UNA HISTORIA DE SELECCIÓN

Todos estos componentes deben conjugarse cuando se evalúa a un candidato a misionero o a una familia para crear un perfil adecuado. Los evaluadores también deben hacer uso del discernimiento aun con las referencias de personas cercanas al misionero potencial para comprender el contexto en el que dichas referencias se dan. Consideremos el proceso de selección de Aarón* y Marta*.

Aarón y Marta llegaron a la fe durante la adultez y rápidamente se involucraron en los ministerios locales de su iglesia, en la ciudad del Medio Oeste de Estados Unidos en la que vivían. Su madurez espiritual aumentó enseguida y en poco tiempo se convirtieron en líderes del ministerio en la iglesia.

Durante ese tiempo, los líderes de la iglesia tuvieron la visión de trasladar a varias familias de su congregación al otro lado del país, a una región sin iglesias, con la finalidad de plantar una. Ni Aarón ni Marta tenían formación en el seminario o experiencia en la plantación de iglesias, pero estaban ansiosos por participar en esta nueva obra y se ofrecieron como voluntarios para formar parte del equipo. Aarón tenía experiencia en la administración de un pequeño negocio familiar y Marta era maestra de preescolar, por lo que consideraron que tenían las credenciales y las habilidades necesarias para mantener a su familia en esta nueva ubicación.

Después de la mudanza y a medida que colaboraban con los esfuerzos de plantación de iglesias de su equipo, Aarón vio la oportunidad de iniciar un pequeño negocio en la nueva ciudad. Marta había encontrado trabajo como maestra de escuela. Con estos ingresos esperaban ser capaces de mantener a su familia y contribuir con la plantación de la iglesia, de modo que pronto pudieran llamar a un pastor para que sirviera a tiempo completo. Aarón y Marta dedicaban cualquier tiempo libre de la semana a ministrar a la comunidad y a llevar a la gente a Cristo. Aarón era un hábil evangelizador, y a Marta le gustaba discipular a las mujeres más jóvenes.

Después de dos años, el nuevo negocio de Aarón había crecido tanto que empezó a acaparar sus horas en el ministerio. Él decidió que el ministerio era más importante que el negocio, así que vendió la empresa a dos jóvenes que había reclutado y capacitado. Al dejar de administrar el negocio, Aarón tuvo más tiempo para el ministerio. Al poco tiempo, Aarón vio la oportunidad de iniciar otro negocio local que pudiera generar ingresos para seguir apoyando a la nueva iglesia. Una vez más, el negocio prosperó y pudo venderlo por una buena suma de dinero después de capacitar a los nuevos propietarios.

Poco después de vender el segundo negocio, Aarón y Marta empezaron a sentir que el Señor los llamaba a llevar el evangelio a una etnia no alcanzada en el extranjero. Con el apoyo de su iglesia enviadora de origen, presentaron una solicitud a una agencia misionera estadounidense. Como parte del proceso de selección, la agencia pidió referencias a varias personas de la iglesia enviadora de origen que conocían bien a Aarón y Marta.

Uno de los miembros de la iglesia tenía algunas reservas. "Aarón es un buen joven. Es un fiel cristiano, esposo y padre. Pero nunca ha sido pastor de una iglesia y no permanece mucho tiempo en ningún trabajo", dijo el hombre. Este miembro indicó que Aarón había cambiado mucho de trabajo en los últimos años. "Empieza negocios y los vende cuando crecen demasiado. Cada dos años inicia un nuevo negocio para luego venderlo a sus empleados. Los misioneros tienen que ser capaces de permanecer en un lugar por largo tiempo a fin de pastorear una iglesia, ¿no?".

Lo que este hombre bien intencionado no entendía era la diferencia entre el papel del misionero y el papel más tradicional del pastor de una iglesia. No comprendía del todo lo que suponía servir como un misionero plantador de iglesias en un lugar de difícil acceso y en donde los trabajadores cristianos no son bienvenidos. Lo que él veía como debilidades en Aarón podían ser en realidad fortalezas, tomando en cuenta la situación que se vivía en el extranjero, en donde Aarón y Marta se sentían llamados a servir.

Este es un ejemplo de la necesidad de mirar de manera integral a la persona para determinar si se trata de un candidato a misionero adecuado para el trabajo y para analizar el contexto en el que se dan las referencias. Evaluamos los cinco componentes juntos para obtener una visión global de la vida del candidato. A pesar de que Aarón nunca había pastoreado una iglesia, era un evangelista y un hacedor de discípulos con mucho talento. También sabía reconocer el liderazgo y empoderar a otros para liderar. Podía empezar algo, hacerlo con éxito, y dejarlo en manos de

Paso seis: Selección y capacitación de misioneros transculturales

líderes cualificados antes de pasar a lo siguiente. Marta también era una maestra y una hacedora de discípulos muy talentosa, y había discipulado a varias mujeres en la iglesia que plantaron. Había desarrollado muchas competencias misioneras valiosas como maestra de escuela y como nueva plantadora de iglesias. Aarón y Marta son buenos ejemplos en cuanto al hecho de poseer competencias y calificaciones que pueden transferirse para llevar a cabo la labor misionera.

Finalmente, la agencia misionera envió a Aarón y a Marta como plantadores de iglesias dirigidas a una etnia no alcanzada, y hasta la fecha han ayudado a fundar varias iglesias y han capacitado a los líderes de cada una de ellas.

En el capítulo "Levantando misioneros" (paso cuatro), estudiamos la historia de Pablo en Hechos 18 y 2 Timoteo 2. Por los ejemplos de Pablo, vemos a los misioneros comenzando la obra, levantando líderes y luego haciendo que se unan a él para dirigirse a la siguiente etnia o lugar no alcanzado. Mientras Pablo capacitaba a Timoteo con el fin de que levantara más trabajadores para la tarea, siguió su propio consejo y equipó a Priscila y Aquila, quienes a su vez equiparon a Apolos para el ministerio. Al evaluar a misioneros potenciales, buscamos habilidades que puedan transferirse y contribuir a la implementación efectiva de la tarea misionera. Nadie es perfecto. Nadie tiene todos los talentos y habilidades necesarios. Pero Dios ha dado a las personas experiencias y habilidades que pueden transferirse al campo de la misión. Estos son los candidatos a los que tratamos de identificar, son las personas adecuadas a las que queremos enviar al lugar adecuado en el momento preciso.

PASO SIETE
Desarrollando alianzas

L A PRIMERA IGLESIA BAUTISTA*, un cuerpo de varios cientos de miembros en una ciudad del sur de Estados Unidos, adoptó a la etnia Mallakani*, que reside en un país del sudeste asiático. Había poca información disponible sobre la etnia, pero todos los indicios sugerían que la misma contaba con unos pocos creyentes y no había iglesias ni agencias misioneras que trataran de plantar iglesias entre ellos. La iglesia comenzó a orar por esta etnia e incluso envió algunos equipos en viajes de reconocimiento a fin de conocer las necesidades locales.

Roberto y María López* formaron parte del esfuerzo misionero de la iglesia. Tras un viaje de observación al país, sintieron que Dios los llamaba a dedicar sus vidas a los mallakani como plantadores de iglesias transculturales. Roberto y María compartieron este llamado con la iglesia y, tras un periodo de oración y evaluación, la iglesia acordó enviarlos con esta etnia no alcanzada y apoyarlos como sus misioneros. La iglesia tenía poca experiencia en el envío de misioneros, por lo que se puso en contacto con una agencia de envío misionero que podía proporcionarle a la familia López infraestructura logística, planificación de estrategias y apoyo en el campo.

Los López aprendieron bien el idioma y pudieron establecerse en el corazón de la etnia Mallakani. Trabajaron allí en una plataforma de turismo con una visa provista por la agencia de envío misionero. Roberto dedicaba unas ocho horas semanales a la gestión de la plataforma para obtener la visa. El ministerio progresó lentamente durante su primer año en el campo y justo en el momento en que empezaron a tomar fuerza en la obra entre los mallakani, la agencia perdió a personal clave en un país cercano que estaba adscrito a la misma plataforma de turismo.

La agencia no tuvo más remedio que informarles a los López de que tendrían que mudarse al país vecino para poder gestionar la plataforma. Muchos misioneros de la región dependían de esta plataforma para obtener visas. Debido a la formación empresarial de Roberto y a su conocimiento de las operaciones de la plataforma, que adquirió a través de la experiencia, era el único que podía desempeñar esta función.

Este cambio brusco ordenado por la agencia misionera desilusionó a los López, pues la etnia objetivo no vivía en el país vecino. Los líderes de la iglesia de origen que los apoyaban se sintieron traicionados porque no intervinieron en esta decisión y no se les dio la oportunidad de opinar sobre el dilema. La opinión de la agencia era que los López debían considerar el bien mayor de la obra, lo que a veces supone un sacrificio.

Los López se encontraron en medio de un fuerte desacuerdo entre la iglesia que los enviaba, que les proveía apoyo financiero, y la agencia misionera, que les brindaba la infraestructura de campo y la visa. Los líderes de la iglesia se cuestionaron si debían seguir apoyando a misioneros que no se enfocaran en la etnia adoptada por la iglesia.

Paso siete: Desarrollando alianzas

Debido al entusiasmo con el que se estableció inicialmente esta relación, la iglesia, la agencia y los misioneros nunca elaboraron las estructuras y los procesos de toma de decisiones en caso de que se produjera una situación de este tipo. En medio de la crisis, las emociones eran intensas, el tiempo escaseaba y era difícil resolver adecuadamente los problemas con las distintas partes a océanos de distancia.

EL VALOR DE LAS ALIANZAS

Hay pocos misioneros, iglesias, agencias o equipos en el campo que tengan todo lo que necesitan para sostener efectivamente su esfuerzo misionero a largo plazo. Incluso las grandes iglesias y agencias necesitan a menudo ayuda de la empresa misionera. Las alianzas cuidadosamente planificadas pueden brindar esta ayuda. El proceso de los *ocho pasos* ofrece a las iglesias y a las agencias la oportunidad de explorar y comprender el llamado específico o la visión para el ministerio que sienten del Señor, para luego desarrollar pasos de acción concretos a fin de avanzar y abrazar plenamente lo que el Señor ha puesto ante ellas. Parte de este proceso incluye la identificación de los tipos de colaboradores y alianzas necesarios para ayudar a llenar las brechas y cumplir con esa visión. Sin embargo, estas relaciones se deben estudiar detenidamente. Si bien algunas comienzan muy amistosamente, el conflicto puede estallar al producirse acontecimientos imprevistos que no se ajusten al acuerdo de la alianza original.

Las iglesias y agencias sensatas valorarán la experiencia, los conocimientos y el acceso que otros grupos afines pueden proporcionar para la implementación de la tarea misionera. Por ejemplo, repasemos los resultados positivos de una alianza con los bautistas cubanos mencionada en el capítulo uno. En esa situación, los misioneros médicos de Cuba se unieron a un equipo de la IMB que ya funcionaba en Colombia. El plan de la alianza consistía en que los misioneros cubanos centraran sus energías en las aldeas no alcanzadas de una reserva indígena a la que los funcionarios del gobierno colombiano no habían permitido el acceso de los misioneros estadounidenses. Los misioneros cubanos, debido a su país de origen, a su formación médica y a su dominio del español, no solo pudieron acceder, sino que, gracias a su experiencia en la plantación de iglesias, pudieron iniciar las actividades de la tarea misionera en la zona. Cabe destacar que, desde el principio, se discutieron cuidadosamente las líneas de autoridad y responsabilidad, surgiendo así una fructífera alianza. La alianza resultante está cumpliendo la visión del equipo de la IMB, de la iglesia cubana de envío misionero y de la Convención Bautista de Cuba Oriental. Y, principalmente, se trata de ver cómo la tarea misionera se lleva a cabo de forma efectiva en una zona no alcanzada anteriormente.

CONSIDERACIONES SOBRE LAS ALIANZAS

EL DESARROLLO DE ALIANZAS puede requerir una cuidadosa revisión del enfoque de las misiones de una iglesia o agencia, lo cual puede incluir cuestiones como la autoridad, la toma de decisiones, la supervisión y el financiamiento. Algunas veces requiere delegar la autoridad y supervisar a alguien de otra entidad. También puede requerir que se asignen fondos y otros recursos a la alianza y que se renuncie al control de los detalles sobre el uso de estos recursos. Una alianza también puede significar renunciar a la capacidad de tomar decisiones estratégicas. Ahora bien, no todas las iglesias, las agencias y los misioneros tienen la intención de aceptar estos puntos. Para cualquier acuerdo, es preciso discutir cuidadosa y honestamente estas áreas clave antes de iniciar una alianza.

Las otras dos áreas que se deben considerar cuidadosamente antes de pactar una alianza guardan relación con la misionología y la teología. En el ámbito misionológico, es importante analizar y aclarar el papel del misionero, el uso del financiamiento externo, las perspectivas de dependencia y reproducibilidad, y los métodos misioneros. Del mismo modo, las entidades que consideren la posibilidad de asociarse deben examinar los fundamentos teológicos que incluyen los puntos de vista de la doctrina básica, la eclesiología, la autoridad bíblica, el liderazgo de la iglesia y las ordenanzas de la iglesia, por mencionar algunos. Para la mayoría de las iglesias bautistas, la declaración de la "Fe y mensaje bautistas"[13] es el estándar para el acuerdo. Sin embargo, incluso dentro de los círculos bautistas, algunas iglesias expresan un punto de vista teológico más estricto, por lo que pueden evitarse posibles conflictos si se aclaran estos aspectos antes de llegar a un acuerdo. Es importante entender los puntos propios no negociables en este tipo de discusiones y también reconocer las áreas en las que las entidades tienen preferencias pero pueden ser flexibles.

En el estudio de caso de la etnia Mallakani presentado al principio de este capítulo, la iglesia enviadora no había previsto que las decisiones relativas al lugar de residencia de los López pudieran ser alteradas por la agencia colaboradora que patrocinó el visado de la pareja. El conflicto surgió porque la agencia tomó una decisión a espaldas de la iglesia enviadora. Aunque desde el punto de vista de la agencia no había otra solución, al reconocer que esta potestad de decisión no estaba especificada en el acuerdo de la alianza, podría haber optado por un curso de acción más conciliador, como tomarse el tiempo para discutir la situación con los misioneros y la iglesia enviadora. Sin un acuerdo previo sobre cómo se determinarían estas decisiones, cada entidad hizo sus propias suposiciones, las que, como se demostró, no se correspondían. Las lamentables consecuencias fueron resentimientos, conflictos, misioneros desanimados y, por encima de todo, personas comprometidas que dejaron de dar un testimonio de consagración.

INFLUENCIAS CULTURALES EN LAS ALIANZAS

CON LAS VENTAJAS QUE OFRECEN LAS ALIANZAS, ¿qué impide que estos acuerdos se produzcan de forma natural? La receptividad a la hora de pactar acuerdos de alianza puede verse influida por la cultura de origen de la iglesia o la agencia enviadora. Muchas de las iglesias y agencias estadounidenses y canadienses consideran que la autoridad de la iglesia local es primordial, así como la responsabilidad de participar plenamente

---

13. Convención Bautista del Sur, la "Fe y mensaje bautistas, 2000", Declaración de Fe, https://bfm.sbc.net/fe-y-mensaje-bautistas/#vi-la-iglesia. La definición de iglesia de la Convención Bautista del Sur se incluye en el paso tres: "Ministerio local - Estableciendo iglesias sanas", en la página 35.

en la tarea misionera, por lo que es posible que no consideren necesarias las alianzas. Otras culturas, como las latinoamericanas, están más acostumbradas a trabajar en comunidad y, por lo tanto, suelen aceptar de buen grado las alianzas con otros, pero también esperan un enfoque mucho más colaborativo.

Es importante reconocer las diferentes perspectivas culturales desde el principio, ya que esta comprensión puede ayudar a aclarar las expectativas dentro de la alianza. Por ejemplo, los estadounidenses y canadienses tienden a separar su vida laboral de su vida social y familiar, por consiguiente, tienen una visión segmentada de cómo podría funcionar un equipo misionero multicultural. En cambio, otras culturas, como las latinoamericanas, viven la vida mucho más en comunidad y tendrían en su visión una mezcla más fuerte entre la vida ministerial y la personal. Una verdadera alianza requerirá que cada colega o entidad considere las necesidades del otro, abarcando los requisitos establecidos en Filipenses 2:3: "No hagan nada por egoísmo o por vanagloria, sino que con actitud humilde cada uno de ustedes considere al otro como más importante que a sí mismo".

El pasaje de Filipenses debería desafiar a todas las entidades de una alianza (misioneros, iglesias y agencias) a reconocer las necesidades de los demás y la tarea general de hacer discípulos de todas las naciones, como se ordena en la gran comisión. Es imprescindible que, a medida que los colaboradores que trabajan juntos discuten y adoptan nuevas estructuras y planes, la visión de establecer la iglesia en lugares donde no haya ninguna siga siendo la pieza central del esfuerzo. Se trata esencialmente de mantener la visión centrada en la implementación efectiva de la tarea misionera.

En el caso de las iglesias locales que tienen un enfoque más independiente de las misiones, su punto de vista puede no basarse tanto en la convicción de que pueden "hacerlo mejor", sino en que la dependencia de otros es una renuncia a la autonomía que debería tener la iglesia local. Por otro lado, hay ejemplos convincentes de iglesias en Estados Unidos que cooperan en aras de la gran comisión. Desde 1925, el Programa Cooperativo de la Convención Bautista del Sur ha reunido con éxito los recursos financieros de miles de iglesias para potenciar el envío misionero. Este enfoque cooperativo anima tanto a las iglesias pequeñas como a las grandes a participar en el envío misionero. Si bien las iglesias individuales ceden algunas decisiones estratégicas y el control a los miembros de las juntas directivas que representan a las iglesias de toda la convención, el beneficio general es que no es necesario que las iglesias tengan experiencia en todos los aspectos del envío misionero para poder participar en una estrategia de envío misionero, a fin de garantizar que todas las etnias y lugares no alcanzados tengan acceso al evangelio.

DESAFÍOS DEL LIDERAZGO Y APOYO MISIONERO

AL IGUAL QUE ALGUNAS IGLESIAS LOCALES, los misioneros también son espíritus independientes, un rasgo que suele ser necesario para desenvolverse en entornos difíciles y aislados. Necesitan poder y liderazgo, pero equilibrados con una rendición de cuentas y una capacitación adecuadas. El Señor estableció a la iglesia local como su estructura elegida para el cumplimiento de la gran comisión. Sin embargo, son pocas las iglesias locales que cuentan con el profundo conocimiento necesario para cada faceta del envío misionero en el mundo actual. Por lo tanto, las iglesias locales deben aprender a cooperar y confiar en la experiencia de las agencias y organizaciones que "hacen misiones" a tiempo completo. Estas agencias han desarrollado competencias en los numerosos y singulares marcos culturales y de seguridad de todo el mundo, implementando las estrategias adecuadas en cada uno de ellos. Cuando se establecen estos acuerdos de cooperación, las agencias, las iglesias, los equipos en el campo misionero y los misioneros deben respetar las perspectivas de cada una de las entidades y valorar sus contribuciones a la empresa misionera. Sobre todo, es importante que la iglesia se dé cuenta de que los recursos del reino deben canalizarse para llevar el evangelio a los que nunca lo han escuchado. Las agencias son a menudo las únicas defensoras de las vastas poblaciones de personas no alcanzadas que existen hasta el día de hoy.

Así como las iglesias locales deben comprender el valor de asociarse con las agencias en el envío misionero, las agencias deben reconocer que sin la iglesia local no hay esfuerzo misionero. De hecho, tanto los misioneros como el apoyo misionero provienen de la iglesia local. Además, en esta época de redes sociales y métodos de comunicación instantáneos, la iglesia está en posición de tener una influencia aún más directa en el esfuerzo misionero. La mejora de las comunicaciones permite a los misioneros de hoy buscar en sus iglesias de origen la visión, el estímulo, el apoyo en oración y el compromiso personal en la tarea.

Las realidades del campo no se ajustan a ninguna estructura y pueden cambiar con el tiempo, a medida que la obra se desarrolla y madura. Lo que podría haber empezado como el ministerio de una pareja de misioneros podría terminar como un esfuerzo combinado en el que participen organizaciones misioneras de distintos países y una iglesia nacional en crecimiento. La toma de decisiones y la responsabilidad de esa obra cambiarán con cada paso hacia la madurez y es de esperar que la iglesia nacional asuma todo el espectro de responsabilidades, convirtiéndose así en una iglesia sana y preparada para salir hacia la colaboración, y asumiendo su propio papel en la gran comisión.

UNA ALIANZA PRODUCTIVA

En Filipinas, cinco convenciones bautistas se reparten por las más de 7000 islas del estado archipielágico. Estas convenciones separadas surgieron durante una época en la que la comunicación y los viajes eran difíciles a lo largo de las divisiones geográficas, de modo que se formaron para proveer coordinación y apoyo a las iglesias locales de cada región. Las convenciones, junto con otras organizaciones bautistas como los seminarios y la Unión Femenil Misionera nacional, han mostrado su interés por las misiones durante años y han llevado a cabo algunos intentos exitosos de enviar misioneros a otros países.

Sin embargo, las convenciones descubrieron un canal existente a través del cual podían aumentar radicalmente sus esfuerzos de envío misionero: una circunstancia relacionada con la economía filipina que ha proporcionado una puerta abierta para llevar el evangelio a todo el mundo, incluso a lugares de difícil acceso para los misioneros occidentales. Debido a los altos niveles de desempleo en Filipinas, millones de trabajadores filipinos abandonan su país cada año en busca de oportunidades laborales y salarios más altos en otros lugares. Estos filipinos suelen trabajar como empleados domésticos (niñeras y personal de limpieza), enfermeros o recepcionistas, entre otros empleos. Muchos de estos empleos se encuentran en Asia o Medio Oriente. En consecuencia, las iglesias y las convenciones de Filipinas se encontraban en una situación excepcional para el envío de misioneros, no solo a través de los medios tradicionales patrocinados por la iglesia, sino también a través de estas oportunidades laborales en el extranjero.

Para coordinar estos esfuerzos misioneros, las cinco convenciones se aliaron para establecer una agencia misionera llamada One Sending Body (OSB, por sus siglas en inglés). Acordaron que la agencia lideraría la coordinación del envío de estos misioneros "bivocacionales", incluyendo el establecimiento de programas de capacitación misionera y la identificación de lugares estratégicos para colocarlos. Las convenciones reconocieron la fuerza que tendría el hecho de que las cinco convenciones y sus iglesias se aliaran en este esfuerzo, todo en aras de la gran comisión.

Uno de los seminarios ofreció su campus como sede para la capacitación de misioneros. Como equipo asesor de los *ocho pasos*, dirigimos un taller para líderes y misioneros filipinos junto con miembros de la junta directiva de la agencia OSB, que luego compartieron los materiales de la asesoría de los *ocho pasos* con pastores y líderes de la iglesia en sus diversas convenciones. Las convenciones trabajan ahora de la mano con la agencia OSB para identificar los lugares a los que deban enviar misioneros, el modo de reforzar su proceso de selección de misioneros y las mejores formas de movilizar a las iglesias de las cinco convenciones, ayudándolas a determinar cómo pueden involucrarse y contribuir al envío de misioneros transculturales desde Filipinas.

APRENDIENDO A TRABAJAR JUNTOS

Volviendo a la situación de los López (en el trabajo con la etnia Mallakani), finalmente, los misioneros, la iglesia enviadora y la agencia de envío misionero fueron capaces de hablar de la situación, reconciliarse y encontrar juntos una manera constructiva de avanzar. Para ello, cada parte se tomó el tiempo necesario para aclarar las expectativas sobre la toma de decisiones y definieron un proceso para compartir la autoridad sin obstaculizar el trabajo de los misioneros en el campo. Además, la agencia pudo resolver el problema del liderazgo de la plataforma y, finalmente, los López pudieron reanudar su trabajo entre los mallakani. Incluso cuando surge un conflicto, la Biblia provee un marco para resolver situaciones siempre que todas las partes estén dispuestas a adoptar los principios que se encuentran en Mateo 18.

Trabajar en alianza es más que la simple cooperación entre iglesias y agencias de un país y una cultura. En los próximos años, será cada vez más necesario que las iglesias y agencias de Estados Unidos y Canadá se asocien con sus homólogas del resto del mundo, lo que supondrá retos como el de operar bien en un entorno de equipo multicultural. Las diferentes perspectivas culturales pueden influir en aspectos clave como la toma de decisiones, la rendición de cuentas, el liderazgo y el uso de los recursos.

Estas perspectivas y matices culturales pueden influir en muchos ámbitos. Por ejemplo, los colaboradores del resto del mundo valoran mucho las relaciones basadas en la confianza. Los colaboradores estadounidenses y canadienses valoran mucho los acuerdos por escrito, con los detalles de la alianza claramente expuestos y firmados por ambas partes. Cuando se trata de recursos financieros, con mucha frecuencia los colaboradores del resto del mundo deben hacer grandes sacrificios para participar en los esfuerzos misioneros, mientras que los colaboradores de Estados Unidos y Canadá suelen participar desde una posición de abundancia. La medida no debe ser una contribución equitativa, sino un sacrificio equitativo, sea cual sea la contribución. El paternalismo, la dependencia, la sostenibilidad y la reproducibilidad son cuestiones

Paso siete: Desarrollando alianzas

que deben tomarse en cuenta. Los colaboradores de Estados Unidos, de Canadá y del resto del mundo deben reconocer el valor que cada uno aporta al mundo de las misiones y someterse unos a otros con humildad. Dado que la mayor parte de los misioneros evangélicos proceden ahora del resto de mundo, las iglesias y agencias estadounidenses y canadienses tendrán que descubrir lo que significa ser líderes siervos en su relación con estos colaboradores e incluso quizá redefinir sus propias funciones en el envío misionero. Es posible que deban pasar a desempeñar funciones de facilitación, mentoría y estímulo, además de estar al frente del involucramiento.[14]

Las iglesias de muchos países están descubriendo la fuerza del envío cooperativo y aprendiendo a sortear los desafíos de la autoridad, la responsabilidad y la cooperación. La maximización de nuestros esfuerzos conlleva el desarrollo de estructuras de rendición de cuentas e interdependencia mutuas. Esta tarea demandará un trabajo significativo desde el principio, pero tiene el potencial de cosechar mucho fruto para el reino en tanto que determinamos cómo avanzar, de la mano, bajo el liderazgo del Espíritu Santo.

A todas las iglesias de Cristo se les dio la gran comisión, independientemente de su ubicación o tamaño. Es importante que reconozcamos el valor que cada uno aporta a la tarea y alimentemos una actitud de servicio mutuo mientras trabajamos juntos para compartir el evangelio con los que nunca lo han escuchado. Este puede ser el mayor desafío para los colaboradores norteamericanos y canadienses, pues pasan de una posición de control y autoridad a una de sometimiento al liderazgo de nuestros colaboradores del resto del mundo.

Nota: El material de este capítulo ha sido adaptado de Carlton Vandagriff*, "Relaciones Continuas en el Campo Misionero" en *¿A quién enviaremos? Entendiendo lo esencial sobre el envío de misioneros* ed. Joel Sutton (Richmond, VA: IMB, 2022), 264-273.

14. Paul Borthwick analiza los temas de la alianza, el servicio y el sacrificio en "Partnership Equality" (Igualdad en la alianza), en *Western Christians in Global Mission: What's the Role of the North American Church?* (Los cristianos occidentales en la misión global: ¿cuál es el papel de la iglesia norteamericana?) (Downers Grove, IL: InterVarsity Press, 2012), 149-156.

CONCLUSIÓN

LA POBLACIÓN MUNDIAL se acerca a los 8000 millones de almas. Los gobiernos son cada vez más hostiles al cristianismo, especialmente a los evangélicos que creen en la exclusividad del evangelio de Jesucristo para la salvación. En el momento de escribir este libro, más de 3000 etnias siguen sin ser alcanzadas y sin recibir un testimonio del evangelio. Las ciudades del mundo están creciendo exponencialmente con refugiados, inmigrantes y personas que buscan una vida mejor, la mayoría de los cuales han tenido poca exposición al evangelio de Jesucristo. La gran comisión es una tarea descomunal. ¿Cómo podemos nosotros, la Iglesia, tener un mayor impacto sobre el estado de perdición del hombre?

Comenzar con el octavo paso, "El campo misionero", es fundamental para el proceso. Nuestros esfuerzos deben apuntar a la implementación efectiva de la tarea misionera entre las etnias y los lugares no alcanzados. Aunque citamos la gran comisión, procedente de los últimos versículos de Mateo 28, en la mayoría de nuestros mensajes de énfasis misionero, a veces descuidamos dos declaraciones fundamentales que hizo Jesús cuando dio el mandato a sus seguidores. La gran comisión comienza cuando Jesús dice: "Toda autoridad me ha sido dada en el cielo y en la tierra" (Mateo 28:18). Esa es una declaración inmensa. No una parte de la autoridad, sino toda. Eso significa que tiene dominio sobre todo este mundo en el que vivimos. Durante su estancia en la tierra, demostró este poder con sus milagros, entre los que destaca el de calmar la tormenta en el mar en el momento en que los discípulos temían por sus vidas (Mateo 8:23-27). Los discípulos se maravillaron de que hasta los vientos y el mar le obedecieran. Del mismo modo, hay varios tipos de turbulencias que rodean nuestros esfuerzos de envío misionero, incluso hasta el día de hoy.

La segunda declaración fundamental es la manera en que Cristo concluye la gran comisión en Mateo: "...y ¡recuerden! Yo estoy con ustedes todos los días, hasta el fin del mundo" (Mateo 28:20). Eso significa que nunca nos abandonará, pues el Espíritu Santo, nuestro ayudante, o Paráclito, ha venido a nuestro lado para ayudarnos (Juan 16:7). Esta debería ser una declaración alentadora. El todopoderoso Jesús, que tiene autoridad sobre toda la creación, ha prometido acompañarnos y ayudarnos. Todo lo que debemos hacer es obedecer a Jesús cuando dice: "Vayan y hagan discípulos de todas las naciones... enseñándoles a obedecer todo lo que les he mandado a ustedes".

A veces confundimos nuestro papel en el proceso. Un misionero, después de un período muy difícil en el campo, declaró: "No fui al campo misionero para no ver frutos. No creo que pueda continuar si no veo algunos resultados". Por muy desalentadora que sea la falta de resultados, cada cristiano tiene una importante contribución que hacer. En Romanos 10:14-15, Pablo pregunta: "¿Y cómo oirán sin haber quien les predique? ¿Y cómo predicarán si no son enviados?". Así pues, las tareas de envío y predicación son fundamentales en el proceso de evangelización del mundo. Sin embargo, no tenemos el control de los frutos espirituales. En 1 Corintios 3:6, el apóstol Pablo reconoce que, aunque él plantó las semillas del evangelio y Apolos las regó, fue Dios quien produjo el crecimiento. Lo mismo ocurre con nuestros esfuerzos. Tenemos un papel que desempeñar y debemos ser fieles en el cumplimiento de ese papel de la mejor manera posible. Pero cualquier fruto espiritual proviene de Dios y de su obra sobrenatural.

Tuvimos que desafiar a este misionero desanimado por su declaración sobre la necesidad de ver frutos. El desafío era que si Dios lo había llamado a un lugar y a un ministerio, el misionero debía aceptar ese llamado con obediencia y seguir la guía del Espíritu Santo. El que haya o no fruto depende del Señor. No somos responsables del fruto, pero sí de ser fieles a su llamado y de ser obedientes a donde Él nos lleve. No significa que no debamos evaluar cuidadosamente nuestros métodos y estrategias, sino que no tenemos el control sobre los frutos. Debemos dejarlo en las manos de Dios.

Tomando en cuenta la enorme tarea que queda por hacer para involucrar a tantas almas, debemos reconocer todos los recursos que Dios ha provisto para la tarea de dar a conocer su nombre entre las naciones. Él está levantando iglesias por todo el mundo, de todas las formas y tamaños: desde las iglesias prósperas de Estados Unidos o Canadá hasta las perseguidas en países comunistas. Incluso las iglesias de las naciones más pobres están comprendiendo el llamado de Dios a ocuparse de su tarea. Si las iglesias leen la Palabra de Dios, el Espíritu Santo las moverá a ser obedientes en el cumplimiento de su tarea. Al dar un paso de fe, Dios cumple su promesa y provee un camino para que se cumpla su voluntad. Ver que iglesias y agencias de países empobrecidos o encadenados por gobiernos opresores siguen encontrando formas creativas de enviar trabajadores a la cosecha debería animarnos a todos. Realmente se está cumpliendo ante nuestros ojos la visión de Mateo 24:14: "Y este evangelio del reino se predicará en todo el mundo como testimonio a todas las naciones, y entonces vendrá el fin". Dios está por cumplir su propósito. El papel de la iglesia es ser obediente para adoptar plenamente el llamado que Él ha hecho.

Entonces, ¿cómo ayudan estos *ocho pasos*? Es importante que veamos nuestro papel en la gran comisión como un proceso continuo. No se trata de la simple tarea de compartir el evangelio. La tarea misionera debe involucrar a toda la iglesia y construir un puente desde el pastor local y la iglesia local hasta el campo misionero, con la intención de compartir el evangelio con todo el mundo. Abarca todo lo que hacemos. Debemos centrar todos nuestros esfuerzos en establecer iglesias sanas que se multipliquen entre todos los pueblos y lugares, de modo que puedan abrazar plenamente el llamado de Dios a involucrarse en la gran comisión.

Este proceso continuo involucrará a las iglesias de Dios de todas las partes del mundo. Dios está llamando a su Iglesia, y su Iglesia está respondiendo. La Iglesia debe trabajar unida como una sola: las iglesias de Estados Unidos y Canadá deben cooperar con las sudamericanas para lograr la tarea. Las iglesias africanas deben trabajar con las iglesias asiáticas, y así sucesivamente. Cada iglesia local debe reconocer su llamado específico y ser fiel a ese llamado, pero todos tenemos un papel que desempeñar ya sea equipando, facilitando, desafiando o cooperando en esta enorme tarea. Toda la Iglesia de Dios tiene una obra que realizar y nos necesitamos unos a otros para cumplir todo lo que Dios nos ha llamado a hacer.

El proceso continuo también tiene que ver con mantener a los misioneros sanos en el campo. Hemos iniciado el trabajo de construcción del proceso de los *ocho pasos* para abordar los desafíos de mantener la presencia misionera. El testimonio de consagración es fundamental en el plan de Dios para compartir el evangelio con las etnias del mundo. Como se mencionó anteriormente a partir de Romanos 10, debe haber un predicador (o proclamador), el cual debe ser enviado. Esto hace que el envío y el sostenimiento de los misioneros sea una responsabilidad primordial de la iglesia.

No es nada fácil, pero es lo correcto. Es nuestra oración que la revisión y el estudio de cada uno de los *ocho pasos para la continuidad de la misión* ayuden y animen a iglesias, agencias y misioneros de todas partes del mundo a evaluar su situación actual, a identificar pasos concretos para avanzar en la causa y a tomar medidas para adoptar más plenamente el llamado que Dios pone en sus corazones. En Isaías 46:10, el profeta reflexiona sobre una promesa de Dios que sostuvo a los hijos de Israel en tiempos difíciles: "...Mi propósito será establecido, y todo lo que quiero realizaré". Esta promesa debería animar a todo seguidor de Jesús, pues la victoria está asegurada. Comprometámonos a trabajar juntos en esta asombrosa empresa, reconociendo que nuestro salvador Jesucristo nos ha invitado a unirnos a Él en la tarea de redimir al mundo para sí. No hay un propósito mayor.

Hal Cunnyngham, doctorado en Educación.
Amanda Dimperio Davis, doctora en Ministerio.

SOBRE LOS AUTORES

HAL CUNNYNGHAM, vicepresidente adjunto para el compromiso global, ha servido en la International Mission Board durante 37 años. Es responsable de las estrategias para la tarea misionera en la diáspora, la investigación global y la globalización. Él y su esposa, Cynthia, sirvieron dos años en Brasil como misioneros, y luego 23 años en Asia Oriental. Las funciones en el campo incluyeron la plantación de iglesias, la administración, la educación y la capacitación de líderes de la iglesia. En la oficina de Estados Unidos, dirigió el proceso de selección y despliegue del personal misionero de la IMB durante ocho años, antes de asumir su cargo actual.

Hal es licenciado en Educación Agrícola y Biología, tiene un máster en Administración Educativa y Química de la Texas A&M Commerce, y un doctorado en Administración Educativa y Cognición de la University of North Texas (Universidad del Norte de Texas). También estudió en el Seminario Teológico Bautista Southwestern y actualmente es profesor adjunto de misiones allí. Él colaboró en *¿A quién enviaremos? Entendiendo lo esencial sobre el envío de misioneros,* un libro que resume los procesos de levantamiento y envío de misioneros transculturales.

Los Cunnyngham llevan 46 años de casados y tienen un hijo y dos nietos.

AMANDA DIMPERIO DAVIS, directora de globalización de la International Mission Board, ha trabajado con la IMB durante 20 años. Como misionera soltera, sirvió como plantadora de iglesias y misionera de medios de comunicación en México, Bolivia, Perú y Colombia. Se graduó en la Universidad de Alabama en Birmingham con una licenciatura en Medios de Comunicación y Difusión y obtuvo un máster en Teología en Lenguas Bíblicas del Seminario Teológico Bautista Southwestern. Amanda también es una científica de laboratorio médico registrada en la ASCP, habiendo obtenido un título de Asociado en Ciencias. Recientemente obtuvo un doctorado en Ministerio en Liderazgo Cristiano del Seminario Teológico Bautista Midwestern. Actualmente, Amanda sirve como profesora adjunta de misiones en el Seminario Teológico Bautista Southwestern, en los programas en inglés y español.

Está casada con D. Ray Davis, que también sirve en la IMB.

ANEXO

ESTUDIOS BÍBLICOS PARA LA IGLESIA Y LOS MISIONEROS

LECCIÓN 1

El llamado a las misiones

El llamado a las misiones transculturales es más que un simple acontecimiento, es una sucesión de "llamados" que Dios hace a sus siervos. Resulta útil considerar este llamado en términos de siete pasos dirigidos a un objetivo, con una progresión desde el punto uno del objetivo hasta el punto siete.

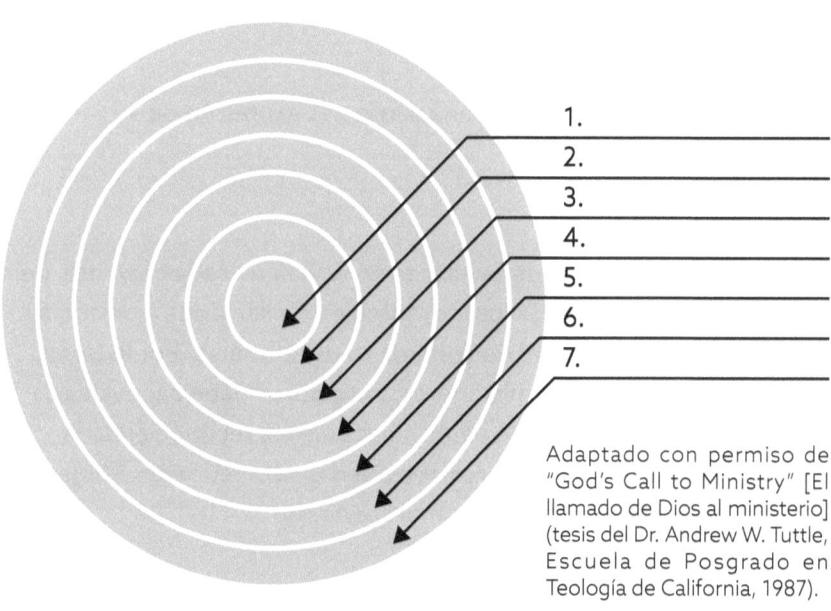

1.
2.
3.
4.
5.
6.
7.

Adaptado con permiso de "God's Call to Ministry" [El llamado de Dios al ministerio] (tesis del Dr. Andrew W. Tuttle, Escuela de Posgrado en Teología de California, 1987).

LOS OCHO PASOS PARA LA CONTINUIDAD DE LA MISIÓN

1. Llamados a la salvación en Jesucristo (Romanos 3:23, Romanos 6:23, Juan 3:16-17, Juan 1:12), confirmando que han respondido con fe y arrepentimiento.

2. Llamados al ministerio de la reconciliación, guiando a otros a Cristo (2 Corintios 5:17-19).

3. Llamados al servicio en la iglesia local (Romanos 12:4, Romanos 12:6-8, 1 Corintios 12:4-6, 1 Corintios 12:27-31).

4. Llamados a las misiones transculturales (Efesios 4:11-12), respondiendo a la pregunta: "¿Quién es un misionero?".

5. Llamados a llevar el evangelio a los no alcanzados, dejando la cultura de origen y la familia para cruzar las barreras culturales en aras del evangelio (Romanos 10:11-15, Juan 20:21, Hechos 1:8).

6. Confirmados por la iglesia local (Romanos 10:11-15, Hechos 13:1-3).

7. Marido y mujer de acuerdo en cuanto a la expresión de su llamado (Efesios 5:21-33).

Resumen
El llamado de Dios debe ser evidente en la vida de cada creyente, pero eso no significa que todos los creyentes estén llamados a dejar a su familia y su hogar para ser misioneros transculturales. Por lo tanto, el llamado a servir como misionero transcultural debe ser evaluado cuidadosamente a través de estos siete puntos, reconociendo la etapa de la vida y otros factores que puedan repercutir en el lugar en el que el Señor podría hacer servir al creyente.

Todo creyente es llamado según las siguientes categorías básicas:

1. Llamado a la salvación
Responder a la manifestación de la gracia del Señor con fe y arrepentimiento.

2. Llamado a la misión
Esencialmente llamado a ser discípulo de Cristo y hacedor de discípulos.

3. Llamado en una etapa
Las distintas etapas de la vida demandan que sirvamos al Señor en función de la realidad de la vida cotidiana, como ser padre o madre, o estar casado o soltero.

4. Llamado al servicio
Dios ha dotado a cada creyente con dones para servir al cuerpo local de creyentes: la iglesia local. Estos dones no son todos iguales, pero uno debe conocer sus dones espirituales y utilizarlos en el servicio a la iglesia local.

LECCIÓN 2

El mandato de las misiones transculturales

HECHOS 10

Parte 1: Dios prepara a Cornelio (Hechos 10:1-8)

¿Quién es Cornelio? (vv. 1-2)

¿Cómo responde Dios a la oración de Cornelio? (vv. 3-6)

¿Qué hizo Cornelio después de su encuentro con el ángel? (vv. 7-8)

Parte 2: Dios prepara a Pedro (Hechos 10:9-16)

¿Qué nos dicen estos versículos sobre Pedro?

¿Qué problema había con que Pedro se comiera los animales de la sábana?

¿Por qué vio la misma visión tres veces?

Parte 3: Pedro va a ver a Cornelio a Cesarea (Hechos 10:17-23)

Pedro intuye que las tres personas son hombres de Dios y las invita a pasar la noche (v. 23).

Pedro, junto con otros creyentes, va con los hombres al día siguiente (v. 23).

Cornelio adora a Pedro por error (vv. 25-26).

Cornelio y Pedro explican sus experiencias inusuales (vv. 28-33).

Parte 4: Pedro comparte el evangelio (Hechos 10:34-43)

Pedro explica la nueva verdad que acaba de aprender (vv. 34-35).

Pedro comparte sobre Jesús y sobre el hecho de que solo a través de Él hay perdón de pecados (vv. 35-43).

Parte 5: El Espíritu Santo confirma su conversión (Hechos 10:44-48)

El Espíritu Santo viene sobre ellos como testimonio para Pedro y los demás (vv. 44-46).

Pedro determina que estos nuevos conversos deben ser bautizados (v. 47).

Pedro se queda allí unos días, probablemente para discipular a estos nuevos creyentes (v. 48).

Conclusiones

¿Qué aprendemos de Hechos 10 sobre las misiones transculturales?

¿Qué aprendemos de Hechos 10 sobre la encarnación de la misión?

¿De qué manera te ayuda este capítulo a prepararte mejor para el ministerio transcultural?

Anexo

LECCIÓN 3

El carácter del misionero

ROMANOS 12:3-21

Repasa Romanos 12:3-8.
En la iglesia dependemos los unos de los otros, y todos trabajamos para edificar el cuerpo de Cristo.

Parte A
Lee los versículos 9-21. En la columna de la izquierda, escribe los mandatos que debemos seguir. En la columna de la derecha, escribe las consecuencias de no seguir estos mandatos.

Mandato a seguir	Consecuencias si no lo hacemos
Ejemplo: v. 9 Amar sin hipocresía	*Mostrar parcialidad en las relaciones*

Parte B: Lee Filipenses 2:1-5

¿Cómo se compara la discusión en Romanos 12 con el capítulo 2:1-5 de la carta de Pablo a los filipenses?

¿Cómo vivió Pedro este principio en su interacción con Cornelio en Hechos 10?

Reflexiona sobre tu propia vida.
¿Hay algún aspecto en el que puedas estar tentado a descuidar la enseñanza de Romanos 12:9-21?

Anexo

LECCIÓN 4

La vida del misionero

MATEO 8:18-27

Introducción

A veces la gente ve la vida de un trabajador cristiano como una aventura exótica en la que todo sale como está previsto. Por el contrario, seguir a Jesús, sobre todo siendo misionero transcultural, puede conducir a experiencias desafiantes. En Mateo 8:18-27, Jesús invitó a la gente a seguirlo. Muchos estaban dispuestos a hacerlo, pero el diálogo entre Jesús y ellos puso a prueba su compromiso y motivación. Hoy debemos hacernos las mismas preguntas.

Parte 1: El escriba y las cosas familiares (Mateo 8:18-20)

¿De qué manera la respuesta de Jesús nos hace cuestionar la disposición a sacrificarse del escriba?

Más allá del lugar de residencia, ¿qué implicaciones tiene la declaración de Jesús?

¿Hay comodidades o lujos en tu propia vida a los que te costaría renunciar si el Señor te llamara a servir en un lugar diferente?

Parte 2: El discípulo y su familia (Mateo 8:21-22)

¿Era razonable la petición de este discípulo?

¿Por qué dio Jesús una respuesta tan contundente a la pregunta?

¿Cómo podría afectar a tus relaciones familiares el hecho de seguir el llamado de Jesús?

Parte 3: Los discípulos y la tormenta (Mateo 8:23-27)

¿Por qué les sorprendió tanto la tormenta?

¿Qué hicieron los discípulos de forma correcta?

¿Por qué desafió Jesús su fe en el versículo 26?

¿Qué lección estaba tratando de enseñar Jesús a los discípulos a través de esta experiencia?

LECCIÓN 5

La obra del misionero

2 TIMOTEO 2:1-3; HECHOS 18:18-27

Parte 1: Instrucciones de Pablo para Timoteo (2 Timoteo 2:1-3)

¿Cuál es el fundamento de la estrategia de Pablo para establecer iglesias cuando viaja a lugares no alcanzados?

Parte 2: La capacitación de Pablo a Aquila y Priscila (Hechos 18:18-27)

¿Qué dice la Escritura? Describe brevemente lo que ocurrió en cada sección.

- Embarcación de Pablo (v. 18)

- Llegan a Éfeso (vv. 19-20)

- Pablo visita otros lugares (vv. 22-23)

- Aquila y Priscila se enfrentan a un problema, Apolos (vv. 24-26)

- El resultado de sus esfuerzos (vv. 27-28)

Parte 3: La estrategia de Pablo en acción

¿Qué relación existe entre las instrucciones de Pablo en 2 Timoteo 2:2 y lo que hizo en Hechos 18:18-27?

¿Cuáles son algunas lecciones o aplicaciones que los misioneros podrían aprender de las instrucciones y acciones de Pablo?

¿Cuál es la diferencia entre el trabajo de un pastor de una iglesia local y el trabajo de un misionero transcultural?

www.ingramcontent.com/pod-product-compliance
Lightning Source LLC
Chambersburg PA
CBHW020538080526
44583CB00013B/899